Patients

Grand Corps Malade

Patients

Don Quichotte éditions

www.donquichotte-editions.com

ISBN : 978-2-35949-097-8

Toute ressemblance avec des personnes existantes ou ayant existé n'est en aucune façon le fruit du hasard, mais bien celui de ma mémoire.

Seuls certains noms ont été changés pour préserver leur anonymat... et éviter les ennuis.

Sixième sens

La nuit est belle, l'air est chaud et les étoiles nous matent,
Pendant qu'on kiffe et qu'on apprécie nos plus belles vacances,
La vie est calme, il fait beau, il est deux heures du mat,
On est quelques sourires à partager notre insouciance.

C'est ce moment-là, hors du temps, que la réalité a choisi,
Pour montrer qu'elle décide et que si elle veut elle nous malmène,
Elle a injecté dans nos joies comme une anesthésie,
Souviens-toi de ces sourires, ce sera plus jamais les mêmes.

Le temps s'est accéléré d'un coup et c'est tout mon futur qui bascule,
Les envies, les projets, les souvenirs, dans ma tête y'a trop de pensées qui se bousculent,
Le choc n'a duré qu'une seconde mais ses ondes ne laissent personne indifférent,
« Votre fils ne marchera plus », voilà ce qu'ils ont dit à mes parents.

Alors j'ai découvert de l'intérieur un monde parallèle,
Un monde où les gens te regardent avec gêne ou avec compassion,
Un monde où être autonome devient un objectif irréel,
Un monde qui existait sans que j'y fasse vraiment attention.

Ce monde-là vit à son propre rythme et n'a pas les mêmes préoccupations,
Les soucis ont une autre échelle et un moment banal peut être une très bonne occupation,
Ce monde-là respire le même air mais pas tout le temps avec la même facilité,
Il porte un nom qui fait peur ou qui dérange : les handicapés.

On met du temps à accepter ce mot, c'est lui qui finit par s'imposer,
La langue française a choisi ce terme, moi j'ai rien d'autre à proposer,
Rappelle-toi juste que c'est pas une insulte, on avance tous sur le même chemin,
Et tout le monde crie bien fort qu'un handicapé est d'abord un être humain.

Alors pourquoi tant d'embarras face à un mec en fauteuil roulant,
Ou face à une aveugle, vas-y tu peux leur parler normalement,
C'est pas contagieux pourtant avant de refaire mes premiers pas,
Certains savent comme moi qu'y a des regards qu'on oublie pas.

C'est peut-être un monde fait de décence, de silence, de résistance,
Un équilibre fragile, un oiseau dans l'orage,
Une frontière étroite entre souffrance et espérance,
Ouvre un peu les yeux, c'est surtout un monde de courage.

Quand la faiblesse physique devient une force mentale,
Quand c'est le plus vulnérable qui sait où, quand, pourquoi et comment,
Quand l'envie de sourire redevient un instinct vital,
Quand on comprend que l'énergie ne se lit pas seulement dans le mouvement.

Parfois la vie nous teste et met à l'épreuve notre capacité d'adaptation,
Les cinq sens des handicapés sont touchés mais c'est un sixième qui les délivre,
Bien au-delà de la volonté, plus fort que tout, sans restriction,
Ce sixième sens qui apparaît, c'est simplement l'envie de vivre.

Je dors sur mes deux oreilles

J'ai constaté que la douleur était une bonne source d'inspiration,
Et que les zones d'ombre du passé montrent au stylo la direction.
La colère et la galère sont des sentiments productifs,
Qui donnent des thèmes puissants, quoi qu'un peu trop répétitifs.
À croire qu'il est plus facile de livrer nos peines et nos cris,
Et qu'en un battement de cils un texte triste est écrit.
On se laisse aller sur le papier et on emploie trop de métaphores,
Pourtant je t'ai déjà dit que tout ce qui ne nous tue pas nous rend plus forts.
C'est pour ça qu'aujourd'hui j'ai décidé de changer de thème,
D'embrasser le premier connard venu pour lui dire je t'aime.
Des lyrics pleins de vie avec des rimes pleines d'envie,
Je vois, je veux, je vis, je vais, je viens, je suis ravi.
C'est peut-être un texte trop candide mais il est plein de sincérité,
Je l'ai écrit avec une copine, elle s'appelle Sérénité.
Toi tu dis que la vie est dure et au fond de moi je pense pareil,
Mais je garde les idées pures et je dors sur mes deux oreilles.

Évidemment on marche sur un fil, chaque destin est bancal,
Et l'existence est fragile comme une vertèbre cervicale.
On t'a pas vraiment menti, c'est vrai que parfois tu vas saigner,
Mais dans chaque putain de vie, y'a tellement de choses à gagner.
J'aime entendre, raconter, j'aime montrer et j'aime voir,
J'aime apprendre, partager, tant qu'y a de l'échange y'a de l'espoir.
J'aime les gens, j'aime le vent, c'est comme ça, je joue pas un rôle,
J'ai envie, j'ai chaud, j'ai soif, j'ai hâte, j'ai faim et j'ai la gaule.
J'espère que tu me suis, dans ce que je dis y'a rien de tendancieux,
Quand je ferme les yeux, c'est pour mieux ouvrir les cieux.
C'est pas une religion, c'est juste un état d'esprit,
Y'a tellement de choses à faire et ça maintenant je l'ai compris.
Chaque petit moment banal, je suis capable d'en profiter,
Dans la vie j'ai tellement de kifs que je pourrai pas tous les citer.
Moi en été je me sens vivre, mais en hiver c'est pareil,
J'ai tout le temps l'œil du tigre, et je dors sur mes deux oreilles.

C'est pas moi le plus chanceux mais je me sens pas le plus à plaindre,
Et j'ai compris les règles du jeu, ma vie c'est moi qui vais la peindre.
Alors je vais y mettre le feu en ajoutant plein de couleurs,
Moi quand je regarde par la fenêtre je vois que le béton est en fleur.
J'ai envie d'être au cœur de la ville et envie d'être au bord de la mer,
De voir le delta du Nil et j'ai envie d'embrasser ma mère.
J'ai envie d'être avec les miens et j'ai envie de faire des rencontres,
J'ai les moyens de me sentir bien et ça maintenant je m'en rends compte.
Je voulais pas écrire un texte « petite maison dans la prairie »,
Mais j'étais de bonne humeur et même mon stylo m'a souri.
Et puis je me suis demandé si j'avais le droit de pas être rebelle,
D'écrire un texte de slam pour affirmer que la vie est belle.
Si tu me chambres je m'en bats les reins, parfois je me sens inattaquable
Parce que je suis vraiment serein et je suis pas près de péter un câble.
La vie c'est gratuit je vais me resservir et tu devrais faire pareil
Moi je me couche avec le sourire et je dors sur mes deux oreilles.

La vie c'est gratuit je vais me resservir et ce sera toujours pareil
Moi je me couche avec le sourire et je dors sur mes deux oreilles.

J'ai envie de vomir.

J'ai toujours été en galère dans les moyens de transport, quels qu'ils soient. J'ai mal au cœur en bateau, bien sûr, mais aussi en avion, en voiture... Alors là, allongé sur le dos à contresens de la marche, c'est un vrai calvaire.

Nous sommes le 11 août et il doit bien faire 35 degrés dans l'ambulance. Je suis en sueur, mais pas autant que l'ambulancier qui s'affaire au-dessus de moi ; je le vois manipuler des tuyaux, des petites poches et plein d'autres trucs bizarres. Il a de l'eau qui lui glisse sur le visage et qui forme au niveau du menton un petit goutte-à-goutte bien dégueulasse.

Je sors tout juste de l'hôpital où j'étais en réanimation ces dernières semaines. On me conduit aujourd'hui dans un grand centre de rééducation qui regroupe toute la crème du handicap bien lourd : paraplégiques, tétraplégiques, traumatisés crâniens, amputés, grands brûlés... Bref, je sens qu'on va bien s'amuser.

Le moteur s'éteint enfin. La porte arrière s'ouvre, les gestes s'enchaînent dans une certaine urgence, et je sens que le brancard sur lequel je suis allongé glisse hors de l'ambulance. Je me prends le soleil en pleine gueule, impossible de garder les yeux ouverts. J'ai l'impression qu'on m'appuie sur les paupières. Ça fait un mois qu'on ne s'est pas rencontrés comme ça, le soleil et moi, et les retrouvailles sont un peu violentes.

D'un pas décidé, l'ambulancier pousse le brancard, on passe une porte. En pénétrant dans ce nouveau bâtiment, je retrouve enfin un peu de fraîcheur. On traverse des couloirs interminables, les néons fixés au plafond défilent par flashs, l'ambulancier s'arrête, j'attends. De nouvelles têtes se penchent sur moi pour me saluer, on redémarre ! On s'engouffre à l'intérieur d'un ascenseur grand comme une salle à manger et on traverse de nouveau d'autres couloirs, encore plus longs. Je crois que l'architecte de ce centre avait une passion depuis tout petit pour les couloirs. On finit tout de même par arriver dans ce qui devrait être ma chambre pour les prochains mois. Deux aides-soignants arrivent en renfort pour me transférer sur mon lit. Pour ça, ils glissent leurs bras sous mon corps et comptent bien fort : « Un, deux... Trois ! » Sur le trois, ils me soulèvent d'un coup pour me déposer sur le lit. J'avais déjà vu faire ça dans *Urgences*. Cette fois, c'est moi qui suis dans la série... Ça fait un mois que je suis dans l'urgence.

Je savoure la fraîcheur de mes nouveaux draps et découvre mon nouveau plafond.

Il faut savoir que, quand tu es allongé sur le dos dans l'incapacité totale de bouger, ton champ de vision doit se satisfaire du plafond de la pièce où on t'a installé, et du visage des personnes qui ont l'amabilité de se pencher sur toi pour te parler.

En réanimation, le plafond était jaune pâle... Enfin, je pense qu'à la base il était blanc, mais il a dû se fatiguer à force de regarder des mecs en galère, des tuyaux plein la bouche.

Je connaissais mon plafond de réa dans les moindres détails, chaque tache, chaque écaille de peinture. Il y avait un néon masqué par une grande grille rectangulaire. La grille était composée de quatre cent quatre-vingt-quatre petits carrés. Je les ai comptés plusieurs fois pour être sûr. En réanimation, quand on est conscient, on a le temps de faire pas mal de trucs essentiels...

Mon nouveau plafond est beaucoup plus blanc, plus proche aussi. Je suis dans une vraie chambre, juste pour moi.

Après l'arrivée de mes parents, qui ont roulé derrière l'ambulance, je reçois la visite successive des trois personnes qui s'avéreront indispensables à ma rééducation : la médecin en chef, le kiné et l'ergothérapeute. Ils m'auscultent brièvement, chacun à leur façon, et m'expliquent en quelques mots leur rôle et comment se dérouleront les prochains jours.

Dans ces circonstances, malgré ce qu'on peut croire, on ne pense pas beaucoup à l'avenir, même très proche. Depuis un mois, je suis trop occupé par la recherche, souvent vaine, du bien-être physique immédiat, trop dérangé par les aléas du présent pour m'occuper du futur. Le manque de mobilité crée un inconfort quasi permanent. Comment fait-on pour se gratter le sourcil quand on ne peut pas bouger les bras ?

Bref, à cet instant précis, ce qui se passera demain ou après-demain est le cadet de mes soucis. Ma journée a été difficile, j'ai eu envie de vomir pendant deux heures, un gros ambulancier m'a sué dessus pendant tout le voyage...

Alors là, j'ai envie qu'on me laisse tranquille, ça fait beaucoup d'informations et de nouveautés en trop peu de temps.

Déjà que j'ai un nouveau plafond...

Le premier jour, à l'aube, je fais la connaissance de l'aide-soignant qui s'occupera de moi tous les matins.

C'est un petit homme d'une quarantaine d'années (cinquante peut-être).

Ernest est antillais et on me le présente tout de suite comme le meilleur aide-soignant de l'étage. On me dit qu'il est « très doux »...

Très doux ? ! Je ne comprends pas trop pourquoi on me dit ça. Je m'en fous qu'il soit doux, on n'est pas là pour se frotter l'un à l'autre ! On va partager tant de choses que ça ?

Eh bien, en ce premier matin, au centre de rééducation, tandis que le soleil prend tranquillement confiance de l'autre côté de la fenêtre, je découvre vite que *oui* : on va partager tant de choses que ça. Et on ne va pas être très loin de se frotter l'un à l'autre.

C'est Ernest qui va gérer ma vie quotidienne du matin et, en quelques jours, notre degré d'intimité va dépasser tout ce que j'imaginais.

Dès lors, ce n'est quand même pas plus mal qu'il soit doux.

Un apprivoisement réciproque est nécessaire entre un aide-soignant et son tétra. Ernest ne s'approche pas tout de suite. Il commence par ouvrir les volets et dépose le petit déjeuner sur la petite table à roulette qu'il positionne devant moi. Il incline la tête du lit très légèrement (je commence à avoir le droit de me redresser), s'assoit au bord du lit et me fait manger. Ah oui, pour tous les ringards d'entre vous qui n'ont jamais été tétraplégiques, sachez que manger seul pour un tétra est aussi facile que de voler pour un homme valide.

Il faut trouver le bon rythme entre chaque bouchée, la bonne inclinaison du verre pour chaque gorgée. Chaque geste prend deux à trois fois plus de temps que si tu le faisais tout seul. Au début, je ne suis pas très à l'aise et je remercie Ernest presque à chaque fois qu'il me tend quelque chose à la bouche, mais je comprends vite que cet excès de gratitude rallonge encore le temps du petit déj et qu'Ernest se fout complètement d'être remercié.

Ernest ne parle pas beaucoup. Il fait. Il sourit légèrement pour te mettre en confiance, il est sympathique mais sans en rajouter. Il ne va pas te raconter une bonne blague, te taper dans le dos et te dire ce qu'il a fait hier soir. Il n'a pas le temps. Il est là pour s'occuper de toi et il le fait bien, avec délicatesse. Il contrôle chacun de ses mouvements. Tu sens qu'il fait ces mêmes gestes depuis un paquet d'années.

Après le petit déj, c'est l'heure merveilleuse d'aller à la selle. Enfin le mot « aller » est un peu fort, puisque tout se passe sur ton propre lit (évidemment, les draps sont protégés par une espèce d'alèze jetable). On te positionne en chien de fusil, sur le flanc, les jambes repliées (sensation d'ailleurs extrêmement agréable quand tu es sur le dos depuis un mois). Et comme l'étendue de tes possibilités musculaires ne permet pas l'action de « pousser », on t'introduit un petit lavement, sorte de suppositoire, et, vingt minutes plus tard, l'aide-soignant ou l'infirmière, dûment muni de gants jetables, vient t'aider à évacuer tout ce qu'il y a à évacuer. (Moment de l'histoire à lire en dehors des heures de repas.)

Passé ce grand moment de la journée, c'est l'heure de la douche. Mais la douche dans ce centre de rééducation est bien différente de celle que j'ai connue jusqu'alors.

Ernest me déshabille et, aidé d'un autre aide-soignant, il me transfère sur un brancard : « Un, deux, trois ! »

Ce brancard est un peu particulier. Il est intégralement bleu, recouvert d'une matière plastique imperméable. Une fois sur mon nouveau moyen de transport, Ernest me met un drap sur le corps pour que je ne caille pas trop et me balade dans les couloirs, direction la douche. Enfin, la salle de douche.

Cette salle est au moins aussi grande que l'ascenseur grand comme une salle à manger. C'est ce que je devine, parce que, de là où je suis, je vois surtout le haut des murs et le plafond. Cette pièce est très sombre, l'éclairage très glauque. Sur les murs, il y a de tous petits carreaux d'un marron cafardeux. Et il n'y fait pas chaud du tout. On dirait les vieilles douches déprimantes de l'ancienne piscine municipale de Saint-Denis, celles où on grelottait sous un maigre filet d'eau tiède.

Ernest bloque le brancard au centre de la pièce, enlève le drap qui était sur moi, attrape la pomme de douche, un gant, un morceau de savon, et c'est parti. Quand je vous disais qu'on allait être intime avec mon petit Ernesto.

Il me lave minutieusement, sans état d'âme et dans les moindres recoins, puis me brosse les dents. Quelle drôle de sensation de se faire laver les dents, allongé sur un brancard au beau milieu des douches de la piscine de Saint-Denis... Mais pas le temps de prendre du recul sur la situation car, déjà, Ernest me demande si je veux qu'il me rase la barbe. J'hésite avant de dire non. Gardons un peu de nouveauté pour demain.

Ernest me sèche et me ramène dans ma chambre. Avant de me remettre au lit, c'est l'heure de m'habiller. Le simple fait de m'enfiler des vêtements est une vraie galère pour nous deux car je ne peux faire aucun mouvement qui puisse l'aider. C'est comme s'il devait habiller une poupée mais, là, la poupée mesure un mètre quatre-vingt-quatorze.

L'épreuve de l'habillage passée, un nouvel aide-soignant nous rejoint pour me transférer sur le lit (« Un, deux, trois ! »).

Merci Ernest, au revoir et à demain.

Une bonne demi-heure pour le petit déj, autant de temps pour aller à la selle et sûrement même un peu plus pour la douche et l'habillage, j'ai l'impression d'avoir couru un marathon. Je suis épuisé et il est seulement 9 h 30. D'un autre côté, ici il se passe des choses. Qu'est-ce que j'ai pu m'ennuyer en réanimation ! Je reprends mon souffle peu à peu. Je me repasse la matinée.

Eh ben, elle va être chelou cette vie au centre de rééducation. Mais qu'est-ce que je fous là ? L'aspect surréaliste de mon nouveau quotidien me permet d'atténuer le sentiment douloureux de la perte totale d'intimité, voire même de dignité, qu'impose la situation.

Je découvre les joies de l'autonomie zéro, de l'entière dépendance aux humains qui m'entourent et que je ne connaissais pas hier.

Ce qui rend la situation à peu près acceptable, c'est le caractère professionnel des gestes d'Ernest. Je sens qu'il exécute chaque mouvement de façon automatique, qu'il n'y a aucun affect dans son attitude.

Il accomplit ces mêmes gestes depuis tellement de temps, tant de corps sont passés avant le mien sous ses mains expertes, que l'aspect gênant disparaît assez vite. Et puis, de toute façon, l'incomparable capacité d'adaptation de l'homme va opérer si bien qu'au fur et à mesure des jours tous les gestes qu'Ernest fait pour moi vont me devenir familiers, voire naturels.

Ma chambre est située au premier étage d'une des ailes du centre de rééducation.

Ce large et long couloir regroupe dans un alignement de chambrées tous les patients hommes, accidentés depuis quelques semaines ou quelques mois et devenus paraplégiques (paralysés du bas du corps) ou tétraplégiques (paralysés des quatre membres ou, plus précisément, paralysés de tous les muscles du corps situés en dessous du cou).

La plupart des gars qui dorment dans ce couloir ne récupèrent aucune mobilité. Ils ne se remettront jamais debout et, dans ces cas-là, la rééducation consiste à exploiter au maximum le peu de mobilité qu'il leur reste pour retrouver un tout petit brin d'autonomie dans les gestes du quotidien : se déplacer en fauteuil, passer du fauteuil au lit ou du lit au fauteuil, manger ou boire avec des couverts adaptés...

Cette période permet aussi de « préparer la suite », c'est-à-dire organiser son futur lieu de vie après le centre de rééducation. Pour ceux qui ont de l'argent (ou qui ont touché une bonne somme de l'assurance après leur accident), il peut s'agir de faire des travaux pour adapter sa maison ou son appartement à une nouvelle vie en fauteuil roulant. Ça peut être aussi engager une aide à domicile. Mais le plus souvent, il s'agit de trouver une structure d'accueil spécialisée qui héberge des personnes handicapées à vie.

Il y a donc ici tout un service d'assistance sociale qui aide les patients pour le suivi de la paperasse qu'engendrent toutes ces démarches.

Pour ma part, je suis devenu « tétraplégique incomplet » suite à un plongeon trop à pic dans une piscine pas assez remplie. Ma tête a frappé le fond de la piscine et, au-delà de m'avoir légèrement ouvert le crâne, le choc a provoqué la fracture d'une vertèbre cervicale qui est allée se loger dans la moelle épinière.

Je pensais être un des seuls sur terre à avoir eu un accident aussi con, mais j'ai vite compris que c'était extrêmement courant. Il paraît même que les accidents de plongeon (en piscine, en rivière ou en mer) sont la deuxième cause de tétraplégie après les accidents de la route. Plus tard, pendant mon année de rééducation, je croiserai trois mecs qui ont subi ce même type de mauvais plongeon.

« Tétraplégique incomplet », ça veut dire que je suis un tétraplégique qui commence à pouvoir bouger à nouveau quelques parties de son corps, en l'occurrence certains muscles de la main, de la jambe et du pied gauches. Une tétraplégie incomplète sous-entend que les progrès peuvent très bien s'arrêter là ou se poursuivre jusqu'à retrouver la quasi-totalité de sa mobilité. Aucun pronostic définitif n'est possible.

La première fois que j'ai re-bougé quelque chose, j'étais en réanimation depuis deux semaines. Un matin, je me suis aperçu que j'arrivais à remuer le gros pouce du pied gauche. Comme je ne pouvais évidemment pas vérifier de mes yeux cette grande nouvelle, j'ai dû demander à une infirmière de me le confirmer.

Toutes les cinq minutes, je remuais mon pouce pour m'assurer que j'étais capable de ce petit mouvement-là. Peu de gens sur terre ont bougé le bout du pied avec autant de plaisir. Les médecins ont alors dit à mes parents qu'à partir de là on ne pouvait rien pronostiquer de sûr, mais qu'on ne pouvait plus affirmer qu'il n'y avait pas d'espoir... De fait, jusqu'à ce matin-là, le moins que l'on puisse dire, c'est que les médecins s'étaient montrés très pessimistes : mes parents ne m'en avaient pas parlé mais on leur avait annoncé que je ne remarcherais pas.

Deux semaines après cet épisode, les progrès ne sont pas flagrants mais l'espoir persiste. Je vois bien que personne n'ose se prononcer sur mon avenir, mais moi, je suis plutôt confiant. J'évite de penser au pire et je prends les progrès comme ils viennent.

Du côté du couloir où je me trouve, il n'y a que des chambres individuelles car elles accueillent les nouveaux arrivants, les patients les moins autonomes et qui nécessitent le plus de soin.

De l'autre côté, il y a des chambres de deux ou

de quatre pour ceux qui sont là depuis un moment et qui commencent à se débrouiller pour certains gestes. Ils se déplacent seuls dans leur fauteuil, certains parviennent à monter dessus depuis leur lit, d'autres peuvent même se laver sans l'aide de personne...

Durant les premiers jours, on me sort très peu de ma chambre car je fatigue vite en position assise. D'ailleurs, j'ai beaucoup de mal à m'asseoir. Dès qu'on relève trop la tête de mon lit ou qu'on me met en fauteuil, je fais des malaises. On me dit que c'est normal. Quand on est allongé depuis longtemps, la tension chute violemment dès qu'on tente de mettre le corps en position verticale. Alors on me donne des cachets à avaler un quart d'heure avant toute tentative de m'asseoir et on m'enfile des bas de contention (des collants blancs ou couleur chair extrêmement moulants qui montent jusqu'en haut des cuisses.. un « tue l'amour » imparable). C'est quand même un comble : ça fait un mois que je rêve de m'asseoir et, dès que je suis assis, je n'ai qu'une envie, c'est d'être allongé.

Je vais bien galérer pour ces histoires de verticalisation : je mettrai plus d'un an avant que ces problèmes cessent totalement.

Comme je suis souvent allongé au lit et que les séances de rééducation sont encore très courtes, mes premiers contacts avec les autres patients du centre se font dans ma chambre.

Quelques curieux viennent rencontrer le nouveau.

Le premier, c'est Nicolas. Avant de le voir entrer dans la chambre, j'entends que quelqu'un se cogne pendant trente bonnes secondes contre la porte et les murs. Je me demande bien ce que c'est que ce bordel et comment on peut avoir autant de mal à passer une porte. Me traverse même l'idée que celui qui tente de me rendre visite est aveugle en plus d'être paralysé... Mais non, Nicolas n'est pas aveugle, il galère, et pour cause : il tente de manier seul son propre brancard, allongé sur le ventre.

« Salut ! il me lance.
– Salut.
– Ça va ?
– Ouais...
– Tu t'appelles comment ?
– Fabien.
– Moi, c'est Nicolas. Ben... Bienvenue chez toi. »

Il est fou celui-là, pourquoi il dit ça ?! C'est pas chez moi, ici. Je ne fais que passer. Et si tout va bien, dans quelques semaines, je me barre. Je suis pas handicapé, moi, c'est provisoire tout ça, juste un mauvais moment à passer...

« Ben merci... Ça fait longtemps que t'es là, toi ?

– Non, je suis là depuis deux semaines, et pas pour très longtemps.

– Qu'est-ce que t'as ? Pourquoi t'es sur le ventre ?

– J'ai une eschare au cul, d'ailleurs faut que j'aille aux soins. Je repasserai te voir. Ciao. »

Et voilà Nicolas qui tente une marche arrière à l'aveugle sur son brancard. Il défonce la porte une bonne dizaine de fois et finit par disparaître. S'il revient me voir plusieurs fois, il faudra refaire l'enduis et la peinture de l'entrée de ma chambre.

Je n'ai pas bien compris le sens de sa visite. Ça se voulait sûrement de la courtoisie, mais il avait un air tellement blasé, presque cynique, qu'il ne m'a pas semblé très accueillant. Il m'a regardé vraiment comme si j'étais le petit bleu de l'étage qui ne pige rien alors que lui, il sait. Il sait ce qu'il fait là, il sait ce que je fais là, il sait ce qui m'attend... Enfin, je suis peut-être un peu parano, c'est quand même gentil d'être venu me voir. Mais je ne comprends pas pourquoi il est reparti si vite. Et puis, j'ai rien compris à ce qu'il avait au cul.

C'est la première fois que j'entends le mot « eschare ». Il me deviendra vite familier, je l'entendrai pratiquement tous les jours pendant mon séjour au centre.

Avoir une eschare est la grande peur des personnes immobilisées. Lorsque quelqu'un ne bouge pas et qu'il est en permanence en appui sur la même partie du corps, certaines zones de la peau ne respirent plus et finissent par pourrir. Ça donne une petite plaie pas très jolie à regarder.

À force d'être assis sur son fauteuil sans jamais changer d'un millimètre sa position, Nicolas s'est fait une eschare sur la peau des fesses. Un grand classique... Le seul remède dans ce cas, laisser l'eschare tranquille et ne plus s'appuyer dessus. Nicolas va devoir passer plusieurs jours et plusieurs nuits exclusivement sur le ventre. Il paraît que, au bout d'un moment, ça rend dingue.

Je n'ai recroisé Nicolas que deux ou trois fois par la suite, car il était en fauteuil roulant depuis des années mais n'était au centre que pour une courte période, le temps de faire soigner son eschare.

Au-delà du fait qu'elle m'a apporté un peu d'animation, cette visite m'a fait du bien finalement. Je prends conscience qu'il y a des gens comme moi de l'autre côté du mur de ma chambre, des gens plus ou moins en galère que moi, mais des gens avec qui je vais pouvoir discuter, des gens à qui je vais pouvoir poser des questions. En dehors de mes proches et des blouses blanches, ça fait longtemps que je n'ai rencontré personne, et ça me manque. Quand je vais pouvoir retrouver ce type de lien, j'aurai déjà l'impression d'avoir une vie un peu plus normale.

Les deux premières semaines, toute sortie de ma chambre était forcément accompagnée. Que ce soit pour les soins ou la rééducation, on me poussait en brancard ou en fauteuil. Et comme, en plus, tous les repas se faisaient dans ma chambre avec un aide-soignant, je n'avais jamais de moment à moi en dehors des heures au lit.

Mais le moment est enfin venu pour moi de retrouver un peu d'autonomie. On vient de m'attribuer un bon gros fauteuil roulant électrique. La première fois qu'on m'installe dedans, je suis à la fois impressionné et excité, comme un môme à qui on amène un cheval à dompter avant de le monter. Car si ce fauteuil est un symbole fort de mon immobilité, il va aussi me permettre de me remettre en mouvement. Je viens de passer près de deux mois au lit, alors si ce fauteuil prend soudain beaucoup de place dans la chambre, il va aussi en prendre beaucoup dans mon esprit.

Ça y est... J'ai mon fauteuil. Après deux petites séances avec l'ergothérapeute pour apprendre à le maîtriser et à le conduire, j'ai désormais le droit de me balader seul dans les couloirs.

Un kif ! Je roule donc à fond, cheveux au vent (j'en

rajoute à peine) avec, dans les oreilles, les bruits inoubliables du moteur électrique et du frottement des pneus sur le lino des couloirs.

Un mois et demi que je n'avais pas eu le loisir de choisir mes destinations. Après les séances de kiné, je décide donc d'arpenter les méandres du centre de rééducation pour découvrir dans les moindres détails mon nouvel environnement.

Au rez-de-chaussée, il y a l'aile des TC – les traumatisés crâniens. Autant dire que ce n'est pas le couloir le plus glamour du bâtiment.

Chez les traumatisés crâniens, il existe autant de cas différents qu'il y a d'individus. Ce sont des accidentés touchés au cerveau, et le cerveau est tellement complexe qu'aucun patient ne présente la même pathologie qu'un autre.

On trouve donc de tout chez les TC : des gens qui peuvent marcher mais qui ne peuvent pas parler distinctement, des gens qui ne peuvent pas du tout communiquer, des gens qui ont de gros problèmes de mémoire, des gens qui ne maîtrisent pas du tout leurs mouvements et dont les mains sont souvent toutes tordues et recroquevillées sur elles-mêmes, des gens comme des légumes, langue pendante, qui scotchent les yeux dans le vide.

Le couloir des TC, c'est un peu l'ambiance du clip « Thriller » de Michael Jackson, mais dans un couloir aseptisé. Et même si c'est un des chemins possibles pour aller à la salle de kiné, je pense que je ne passerai pas très souvent par là.

Il y a des cas presque drôles chez les TC, ceux qu'on appelle vulgairement les « désinhibés frontaux ». Certains peuvent paraître presque bien portants physiquement mais ils n'ont plus aucune conscience des conventions sociales, comme si, au niveau du cerveau, l'aire de la politesse avait été endommagée. Ils disent parfois des trucs super-bizarres, tout ce qui leur passe par la tête, sans aucune forme d'autocensure.

Ça donne évidemment des situations étonnantes. Je me rappelle cette femme à côté de moi en salle de rééducation. Son kiné était en train de lui mobiliser et de lui assouplir les jambes tandis qu'elle n'arrêtait pas de dire très tranquillement : « Arrête, connard, tu me fais mal » ou « Putain, qu'est-ce que tu me fais chier avec tes trucs ! »

Avant que l'on m'explique ce qu'elle avait, je ne comprenais pas que son kiné se laisse insulter sans rien dire.

Je me souviens aussi d'un autre TC, un grand brun qui marchait à peu près correctement, j'ai supposé qu'il devait avoir les mêmes symptômes, car il parlait tout le temps super-fort, faisait chier à peu près toutes les personnes qu'il croisait sur son chemin, leur demandant des chewing-gums et des capotes... Surréaliste !

J'ai fini par sympathiser avec un autre traumatisé crânien, Kévin. On discute de temps en temps. Il a encore une élocution compliquée, mais il progresse vite. Physiquement aussi, d'ailleurs, il parvient même à se relever de son fauteuil et à faire quelques pas.

Souvent les TC, d'un point de vue moteur, ont des progrès beaucoup plus rapides que les tétras ou les paras, mais les séquelles au niveau du langage, de la mémoire ou de la concentration sont beaucoup plus tenaces.

Kévin, lui, a de gros problèmes de mémoire. Il se rappelle bien du passé à long terme (il est capable de te raconter son enfance) mais il a de grosses difficultés pour te dire ce qu'il a fait la veille ou il y a à peine une heure. Il a mis plusieurs semaines à se souvenir de mon prénom. Tout y est passé : Stéphane, Fabrice, Benjamin... À chaque fois, je lui répétais sur le même ton, pour que ça rentre : « Fabien, Kévin... je m'appelle Fabien. »

Un jour, en sortant de la salle de kiné, je le croise dans les couloirs. Je m'arrête (j'entends encore le petit « clic » du moteur électrique quand le fauteuil s'immobilise) et on parle de Bob Marley. Kévin est connu dans tout le centre pour être le plus grand fan au monde de Bob Marley. Il me raconte que c'est les « grands » de son quartier qui le lui ont fait découvrir quand il avait une douzaine d'années et que, depuis, il n'a jamais cessé de l'écouter.

Puis, il me demande : « Et toi, tu connais ? T'aimes

bien Bob Marley ? » Je lui réponds que oui, j'aime beaucoup, que, moi aussi, j'ai dans mes disques une ou deux bonnes compils des incontournables de Bob.

La discussion se termine, Kévin s'éloigne. Moi, je reste un peu là, je regarde par la fenêtre. À la sortie de la salle de kiné, les couloirs sont vitrés et, comme il y a encore du soleil, je profite cinq minutes du plaisir d'avoir un peu de lumière naturelle dans les yeux.

Pour retourner dans ma chambre, je décide de traverser le couloir des TC. Je passe devant la chambre de Kévin, la porte est entrouverte et j'entends Bob Marley chanter qu'il shoote le shérif. Alors, pour faire un petit clin d'œil à mon nouveau pote, j'entre et je lui dis :

« Ah ben voilà, encore et toujours Bob Marley... »

Là, Kévin se tourne vers moi d'un air neutre et me lâche : « Oui, j'adore, je l'écoute tout le temps. Et toi, tu connais ? T'aimes bien Bob Marley ? »

Je ne sais même plus si je lui ai répondu.

J'ai fait la découverte d'un métier très intéressant dans ce centre, celui d'ergothérapeute. Mon ergo s'appelle Chantal. Elle n'a qu'une trentaine d'années (malgré son prénom), c'est une grande brune d'un mètre quatre-vingt, très souriante, très gentille, avec un fond de timidité permanent.

L'ergo, c'est la personne qui assure la rééducation des membres supérieurs. C'est donc avec Chantal que je réapprends à écrire, que je fais plein de jeux manuels, que j'enfile des perles, que je plante des clous...

Mais l'ergo, c'est aussi la personne qui bricole (au sens propre) plein de choses dans ton quotidien pour te permettre de te débrouiller tout seul. C'est Chantal, dès le début, qui a réglé mon fauteuil roulant pour que je sois le plus à l'aise possible : l'inclinaison du dossier, la position et la taille de la commande au niveau de la main...

Ce dernier détail peut paraître anodin mais, quand j'ai commencé à rouler, mes muscles du bras étaient tellement faibles que je ne pouvais actionner la manette de mon fauteuil électrique plus de cinq minutes sans m'épuiser. On comprend alors que la position de cette manette doit être réglée au millimètre.

Dès le deuxième jour de mon arrivée dans le centre, Chantal m'a aussi fabriqué une sorte de manche collé au combiné du téléphone de ma chambre, qui me permet de décrocher tout seul en enfilant ma main à l'intérieur – mes doigts n'étant pas assez forts pour agripper et tenir le combiné normalement. Ça faisait longtemps que je n'avais pas téléphoné sans que quelqu'un me tienne l'appareil et question intimité, c'est un progrès non négligeable.

Quand tes doigts ne te permettent plus de tenir tes couverts, c'est l'ergo qui te fabrique une fourchette ou une cuillère avec une petite lanière en cuir qu'on enfile autour de tes phalanges (comme un poing américain) pour tenter de manger tout seul.

Sur le même principe, au bout de la lanière, à la place de la fourchette, on peut accrocher un petit bâton en fer qui te permet d'appuyer sur les touches de la télécommande.

Et ça, ça change la vie ! Car, quand tu n'es pas capable de contrôler la télécommande et que l'aide-soignant te met une chaîne avant de se barrer pendant une heure ou deux, t'as intérêt à avoir de la chance pour la suite des programmes.

À tout moment de la journée, on est très dépendant du planning des aides-soignants. Ils ont chacun plusieurs chambres à gérer, plusieurs douches à donner... Si bien que tu ne peux pas les déranger pour un oui ou pour un non. D'ailleurs, tu peux toujours essayer, ils ne sont pas au garde-à-vous et, quand tu les appelles, tu peux parfois attendre un bon moment. Quand tu es dépendant des autres pour le moindre geste, il faut être pote avec la grande aiguille de l'horloge. La patience est un art qui s'apprend patiemment.

Moi, le matin, j'aime bien regarder les clips sur M6. Mais quand tu ne peux pas changer de chaîne, tu es obligé ensuite de te taper « M6 Boutique » en intégralité ! Qu'est-ce que je peux galérer en voyant Pierre et Valérie vanter les mérites de la ceinture qui fait les abdos ou du service de couteaux japonais qui coupent même des pneus... Je suis à deux doigts de renoncer définitivement à regarder les clips de peur de retomber sur Pierre et Valérie.

Pouvoir zapper, c'est un grand pas vers l'autonomie !

Au bout de quelques semaines, je déménage de l'autre côté du couloir. Je quitte le confort des chambres individuelles, je quitte Ernest le meilleur aide-soignant de l'étage, mais je gagne en sociabilité. Je redécouvre peu à peu la vie en collectivité.

Je revis en retrouvant les joies d'une discussion à plusieurs, en écoutant en silence la conversation entre deux autres patients, en me prenant mes premières vannes ou en lançant à mon tour mes premières chambrettes.

On est deux dans ma nouvelle chambre. Mon coloc s'appelle Éric. Toussaint, un autre patient de l'étage, répète souvent : « Éric : vingt ans et déjà beauf ! »

Eh bien, c'est vrai, c'est un peu ça, Éric. Il n'est pas méchant mais pas spécialement gentil, pas désagréable mais pas très agréable non plus. On n'a pas vraiment les mêmes centres d'intérêt. Lui, il aime la vitesse, les gros moteurs. D'ailleurs, c'est un accident de moto qui l'a conduit tout droit ici. Du coup, on se côtoie sans véritablement faire attention l'un à l'autre. On s'entend bien sans avoir de réelles discussions.

Éric est paraplégique, avec en plus quelques problèmes dans une main à cause d'un nerf arraché. Il est donc beaucoup plus mobile que moi. Il se déplace sur un fauteuil manuel car ses deux bras fonctionnent bien. Il commence même à pouvoir assurer ses « transferts » tout seul, c'est-à-dire passer du lit au fauteuil sans l'aide de personne.

En revanche, contrairement à moi qui sens très bien mes jambes, lui n'a aucune sensibilité en dessous du bassin.

Un jour, alors qu'il essaye de se redresser dans son lit en tirant sur le petit trapèze suspendu au-dessus de chaque lit d'hôpital, il rate son coup et retombe violemment à plat dos sur son matelas. Et là, il me demande : « Fabien ! Elles sont où mes jambes là ? »

Ça, c'est une phrase qu'on n'entend pas souvent dans la vraie vie, une de ces questions qu'on ne peut te poser qu'ici : « Elles sont où mes jambes ? » Je sais bien qu'il ne les sent pas, mais là, sur le coup, je me demande s'il ne se fout pas un peu de ma gueule.

Eh bien non, il est sérieux, voire même un peu inquiet. Dans sa chute, il ne parvient pas à se redresser et ne voit pas où sont passées ses jambes.

Reprenant mes esprits, je lui réponds : « Ben, y en a une sur le lit et une autre qui pend sur le côté ; fais gaffe de pas glisser. Bouge pas, j'appelle un aide-soignant. »

Elle est marrante aussi, cette phrase réflexe : « Ne bouge pas. » Dans notre situation, elle est complètement inappropriée, mais on se la sort quand même à tout bout de champ.

C'est comme quand tu dis à un aveugle : « On se voit demain. »

Quand j'étais en réanimation, j'avais droit à quatre heures de visites par jour, ce qui est extrêmement peu et te laisse le loisir de compter les carrés de la grille du plafonnier.

Les gens qui venaient me voir ne pouvaient entrer dans la pièce que un par un. C'était donc un peu la course contre la montre et certains ne pouvaient rester que deux ou trois minutes.

J'avais un pote, chaque fois qu'il s'apprêtait à sortir de la salle pour laisser entrer quelqu'un d'autre, il avait ce putain de réflexe, il disait : « Bon, je vais y aller, ne bouge pas, je vais dire au suivant qu'il peut entrer. »

Ah ! bah merci de me rappeler de ne pas bouger, j'allais justement faire quelques pas chassés dans le couloir...

Évidemment, je ne pouvais jamais lui répondre à cause des tuyaux dans la bouche. Je n'ai jamais pu mettre fin à cette mauvaise habitude. Finalement, c'était plutôt marrant, je ne lui en veux pas. C'était même devenu un jeu : chaque fois que je sentais qu'il allait partir, je me demandais s'il allait me dire de ne pas bouger... Il m'a rarement déçu.

Autre moment caractéristique de ma période avec Éric dans la chambre, c'est le fameux rituel d'« aller à la selle ». C'est déjà bien sympathique et bien humiliant tout seul dans une chambre, mais quand tu partages ce petit plaisir à deux...

C'est d'ailleurs comme ça qu'on l'a appelé, ce

moment, avec Éric : « On se fait un petit plaisir tous les deux ? », comme dans la pub.

Il faut nous imaginer, Éric et moi, allongés chacun sur notre lit, face à face dans la même position pendant les vingt minutes de notre petit plaisir, et il faut imaginer évidemment l'odeur qui va avec... Tout ça sur fond sonore de la télé où Pierre et Valérie vantent gaiement leurs produits miracles.

C'est peut-être notre seul point commun avec Éric, le seul moment où on se sent vraiment proche l'un de l'autre.

Comme quoi, quand on est dans la merde...

Mon processus de socialisation atteint son sommet quand j'ai le droit d'aller manger à la cantine, plutôt que de rester dans ma chambre. Je me fatigue moins vite et, ma main gauche ayant bien progressé, je peux désormais tenir une fourchette et manger tout seul.

On mange à de grandes tables de six ou huit. À première vue, ça ressemble à une cantine classique de collège ou de colo, mais en y regardant de plus près, c'est un peu plus compliqué. Déjà, un fauteuil électrique prend beaucoup plus de place qu'un fauteuil manuel ou qu'une chaise, il ne faut donc pas qu'ils soient tous du même côté. Ensuite, on doit laisser de la place pour deux ou trois aides-soignants qui viennent couper notre viande, ouvrir nos yaourts, dépiauter nos médicaments et faire manger ceux qui se fatiguent le plus vite. Pour ne vexer personne, mieux vaut éviter de se tromper sur un « passe-moi le sel ou sers-moi de l'eau », car tous ne sont pas capables de le faire.

Mais une fois ces codes de conduite acquis, et malgré l'effort que représentent tous ces gestes qui paraissent si simples, la cantine est quand même un moment agréable.

Comme dans n'importe quelle cantine au monde, on discute, on se raconte des anecdotes, on se chambre.

Un jour, j'ai loupé la cantine à cause d'un léger problème technique.

Après la séance de rééducation et juste avant le repas du midi, tout le monde repasse dans sa chambre pour récupérer les médicaments que les infirmières ont préparés sur nos tables de nuit.

Ce jour-là, je suis sûrement le dernier du couloir à repasser par la chambre. J'entre, je roule jusqu'à la table de nuit, récupère les trois ou quatre petites pilules, fais demi-tour, reprends la direction de la sortie et là, au milieu de la chambre, mon fauteuil s'immobilise et s'éteint. Il faut savoir que les fauteuils électriques ont une batterie dont l'autonomie est assez limitée. Il faut donc les mettre en charge toutes les nuits.

Là, visiblement, l'aide-soignant du soir a oublié de le faire et me voilà bloqué au milieu de la pièce, exactement à égale distance des deux lits. Impossible d'accéder aux sonnettes reliées au bureau des aides-soignants et des infirmières, impossible d'atteindre la mienne à proximité de mon lit, ni celle d'Éric. Je tente de donner de la voix mais, avec mon manque d'abdominaux, mes cris souffrent d'un ridicule manque de puissance. Personne ne répond. De ce côté-là du couloir, tous les patients déjeunent à la cantine et tous les aides-soignants sont déjà sur place. Quant aux chambres individuelles, elles sont trop éloignées de moi pour que les aides-soignants qui font manger les patients dans leur chambre puissent m'entendre. Je tente de crier à nouveau de toutes mes maigres forces, mais ça ne sert à rien.

Au début, la situation m'a paru cocasse mais, rapidement, ça ne m'a plus amusé du tout. Putain, c'est pas possible, je vais pas rester planter là comme un con pendant tout le repas ! J'ai super-faim... À la cantine, il y a quelques habitudes mais les places aux tables ne sont pas vraiment fixes. Il se peut très bien que personne ne remarque mon absence avant trois bons quarts d'heure.

J'attends... Au moins, si j'étais tombé en panne devant la fenêtre, je pourrais regarder dehors, ce serait moins chiant. Mais non, je suis assis au milieu de ma chambre et j'attends en faisant... ben rien.

J'ai l'impression d'être Michel Blanc dans *Les bronzés font du ski* quand il est bloqué sur le télésiège alors que la nuit tombe. La situation est à peu près aussi ridicule.

Jamais cette chambre ne m'a semblé si grande. Je ne suis pas attaché à mon fauteuil, la porte est grande ouverte et pourtant je suis prisonnier, enfermé dans mon immobilité. Une fois de plus j'attends.

Le sentiment que je ressens à ce moment-là est difficile à décrire. Ça ressemble à un mélange d'impuissance et de frustration.

Je me rappelle alors que la dernière fois que j'ai ressenti ce genre de sentiment, c'était bien pire.

C'était en réanimation, face à mon plafond jauni. J'étais intubé, c'est-à-dire sous assistance respiratoire avec des tuyaux dans la bouche et une sorte de boule dans la gorge qui m'empêchait d'avaler ma salive. À cause de cette incapacité à déglutir, j'avais toujours un trop-plein de salive dans la bouche et je bavais beaucoup. Les infirmières venaient donc régulièrement aspirer ma salive avec un petit tuyau, un peu comme chez le dentiste.

À cette époque, j'avais plusieurs ventouses sur la poitrine reliées à des moniteurs chargés d'indiquer les fameuses « constantes » : fréquence cardiaque, taux d'oxygène dans le sang, etc.

Quand une de ces ventouses se décrochait, le moniteur se mettait à sonner et une infirmière rappliquait aussitôt. J'avais mis au point une petite technique pour appeler le personnel soignant qui savait très bien que, quand je faisais ça, c'était que j'avais besoin de « me faire aspirer ». Je ne bougeais pas encore les mains mais je commençais à pouvoir mobiliser mes bras. Je positionnais donc ma main inerte contre une ventouse et l'arrachais d'un mouvement sec de mon bras droit.

Un jour où je bavais particulièrement, j'ai décidé d'appliquer mon petit système pour que quelqu'un vienne m'évacuer ce trop-plein de salive. Le moniteur sonnait, mais personne ne venait. J'entendais bien pourtant les allées et venues de l'infirmière dans la pièce, mais elle ne me calculait pas. La salive commençait à me couler sur les joues, non seulement j'avais besoin qu'on m'aspire mais qu'on me passe aussi un gant de toilette sur le visage. Comme personne ne venait, j'ai décidé d'arracher une deuxième ventouse pour doubler la sonnerie. J'avais maintenant un flot de bave qui me coulait dans le cou. C'est alors que l'infirmière est apparue au-dessus de moi. Voyant pourtant très bien ce qu'il se passait, elle a juste remis les ventouses en place, m'a regardé droit dans les yeux en me disant sèchement : « Écoutez, monsieur, vous n'êtes pas tout seul ici et moi, j'ai pas trente-six bras ! »

Puis elle est repartie me laissant seul avec mes tuyaux, ma bave dans le cou et mes yeux remplis de colère fixant le plafond.

À ce moment précis, j'ai vraiment eu envie de la gifler de toutes mes forces, mais je ne le pouvais pas. Alors j'ai pensé à l'insulter de toutes les insultes les plus sales que je connaissais, mais je ne le pouvais pas non plus. Alors je n'ai rien fait.

Frustration : nom féminin ; état d'une personne n'ayant pas pu satisfaire un désir ou l'ayant refoulé.

Ayant passé beaucoup de temps en milieu hospitalier, je peux vous assurer de mon grand respect et de mon éternelle gratitude envers le personnel soignant. Ce sont des métiers nobles, altruistes, difficiles et pourtant sous-payés. Je me suis bien entendu avec la grande majorité de toutes celles et ceux que j'ai rencontrés. Mais je n'oublierai pas que, pendant mon séjour en réanimation, j'ai aussi fait la connaissance d'une sacrée connasse.

Connasse : nom féminin ; personne faisant preuve d'un savant mélange de méchanceté et de stupidité.

Ce souvenir de réanimation m'aide à relativiser. Je ne suis somme toute pas si mal que ça sur mon fauteuil coincé au milieu de ma chambre. Bon, d'accord, j'ai faim mais je ne bave plus, je peux avaler ma salive, je respire normalement. Si mon sourcil me gratte, je me gratte. Je peux regarder plein d'autres choses que mon plafond. Si quelqu'un m'emmerde, je n'ai pas encore assez de force pour le gifler mais je peux l'insulter... J'ai la belle vie, finalement.

Éric revient assez tôt de la bouffe ce jour-là. J'ai rarement été aussi content de le voir. Il va tout de suite chercher un aide-soignant, qui me pousse jusqu'à la cantine et, seul patient dans cette immense salle, pendant que le personnel débarrasse et lave les tables, je mange un bout de pain, du fromage et un dessert.

Ça fait plusieurs semaines maintenant que je suis dans le centre. J'y ai désormais mes petites habitudes et je connais tout le monde.

Il y a Jean-Marie, l'aide-soignant du matin, environ trente-cinq ans, très gentil mais très relou. Il parle tout le temps en remontant ses grosses lunettes qui lui glissent sur le nez, il est toujours à fond et commente tous ses gestes : « Bon, je vais ouvrir les volets... Voilà... Je vais approcher ta table de petit déj... Voilà qui est fait... » Quand tu viens juste de te réveiller, c'est assez chiant. Et puis, il sue beaucoup et ses bras sont couverts d'eczéma. Cerise sur le ghetto, il fait partie de cette catégorie très spéciale de gens qui disent « il » au lieu de dire « tu » : « Alors, il va bien ? Il a bien dormi ? Qu'est-ce qu'il raconte de beau ? »

Jean-Marie n'est donc clairement pas notre préféré pour les soins du matin, mais il est relativement efficace.

Moi, j'aime bien Christian, soixante ans, à quelques mois de la retraite. Tu sens que le mec est un peu en bout de course. Il est tout le temps essoufflé, mais il fait son taf et on s'entend plutôt bien, même s'il persiste à m'appeler Sébastien. Et, comme je suis devenu plus mobile, c'est de moins en moins dur pour lui de m'habiller. Christian me fait toujours des compliments : « C'est bien, Sébastien... C'est impeccable, Sébastien ». Christian, tu l'entends arriver de loin dans le couloir, parce qu'il est toujours en train de chanter la chanson « Au tord-boyaux, le patron s'appelle Bruno... ». Je pense qu'il ne connaît pas la suite des paroles, alors il chante juste cette phrase-là, tout le temps, tous les jours.

La terreur du matin, c'est Christiane, connue aussi sous le nom de « sanglier des Ardennes », un peu moins de quarante balais, petite, rondouillarde, le teint rougeaud sous des cheveux blond filasse. Elle est gentille mais très maladroite, avec des gestes super-rustres. Quand elle t'habille, elle est toujours à deux doigts de te luxer l'épaule ou de te faire tomber du brancard. Tous les patients l'insultent gentiment en permanence. Moi, après l'avoir engueulée comme tout le monde pendant un moment, j'ai essayé de changer de tactique : je la mets en confiance : « Allez, ma Christiane, on va se prendre une petite douche, ça va bien se passer, voilà... Super, Christiane, doucement, c'est bien... » Ça marche à moitié. Quoi qu'il en soit, après deux bonnes coupures sur le visage, j'ai décidé de refuser définitivement que ce soit elle qui me rase.

Dans la journée, il y a notre maman à tous, Charlotte, une Antillaise qui doit peser pas loin de quatre-vingt-dix kilos, avec une poitrine monumentale. Ce n'est pas la plus speed mais elle est très agréable, et très drôle. On entend son rire jusqu'à l'étage des TC.

Et puis, il y a Fabrice, antillais lui aussi, plutôt sympa, mais ce n'est pas à lui qu'il faut demander quelque chose si tu veux l'avoir rapidement. Ce n'est pas qu'il est lent, mais il trouve toujours trois trucs à faire avant de te rendre service. Ça me rend complètement dingue. Fabrice est un défi permanent à ta patience.

Et puis, il y a les infirmières. Elles ont un rôle plus médical que les aides-soignants. Pour résumer, si l'aide-soignant apporte le petit déjeuner, l'infirmière, elle, fait les prises de sang.

Moi, je n'aime pas beaucoup la grosse Michèle, l'infirmière de nuit, cinquante piges, l'air super-sévère. Elle n'est pas du tout là pour plaisanter. Et, du coup, personne ne plaisante avec elle.

Il y a aussi les infirmières de jour, Élisabeth, Carole, Nadine, Josy... Tout d'abord, soyons clairs, ce n'est pas pour les offenser, d'autant que certaines sont très jolies, mais quand tu passes plusieurs mois en milieu hospitalier, le mythe de l'infirmière, tu en reviens très vite.

Au revoir le fantasme de la grande et belle infirmière qui entre en souriant dans ta chambre, le corps cintré dans une petite blouse blanche sexy...

Bonjour la petite Josy qui arrive en faisant la gueule dans son espèce de bas de kimono jaunâtre et qui te dit : « Bon, allez, c'est l'heure d'aller à la selle ! »

Je peux vous assurer que, très rapidement, tu te fous complètement de ce qu'il y a, ou pas, sous la tenue de l'infirmière.

Dans un centre de rééducation comme celui-ci, le rapport avec les infirmières devient vite intime. Et pour cause... J'ai déjà évoqué le grand moment quotidien d'aller à la selle, mais pas encore les délicieux plaisirs du sondage urinaire.

Quand on pense aux paraplégiques et aux tétraplégiques, on pense surtout à l'absence de mouvement des bras et des jambes, rarement au fait qu'il faut aussi des muscles pour uriner ou déféquer. Je suis désolé de revenir une nouvelle fois sur ce sujet, mais c'est une triste réalité. Chez les personnes qui vivent avec ce handicap, ce sujet tient une place considérable autant dans le planning que dans leur esprit.

Six fois par jour, on se retrouve donc en tête à tête avec une infirmière qui, à l'aide de compresses et de gants stériles, enfonce dans notre pénis une sonde de trente centimètres. La sonde, dans son voyage intérieur, atteint la vessie, et l'urine est aussitôt vidée dans une poche plastique.

Alain, un tétra très cultivé d'une soixantaine d'années, surnomme nos infirmières « les femmes aux mille verges ». Il est vrai que, dans une carrière de plusieurs années à notre étage, une infirmière en aura vu des vertes et des pas dures...

Les paraplégiques, qui ont l'usage de leurs bras et de leurs mains, peuvent se sonder seuls après une petite formation. Mais les tétras doivent partager ce moment avec une tierce personne... Détail supplémentaire à accepter.

Puisque le mieux est de prendre la chose avec le sourire, il n'est pas rare de croiser dans notre couloir des patients roulant à la recherche d'infirmières disponibles en criant : « Bonjour, mademoiselle, c'est pour un sondage ! »

De plus, la plupart des paras et des tétras n'ont aucune maîtrise de leurs sphincters, et, pour éviter les fuites entre deux sondages, ils enfilent un « penilex », sorte de préservatif avec au bout un fin tuyau relié à une poche urinaire que l'on maintient dans un filet enroulé au niveau de la cheville.

Ces petits désagréments, invisibles du grand public, représentent souvent la plus grande préoccupation des gens qui ont une atteinte neurologique, parfois même plus importante que l'impossibilité de pouvoir remarcher.

Tous les jours et ce, pendant plusieurs mois, on vit avec le personnel soignant. Un rapport particulier s'installe entre nous. Ce ne sont pas nos conjoints, ce n'est pas notre famille, ce ne sont pas nos amis, on ne les a pas choisis mais ils nous sont indispensables. Ce sont des rapports d'être humain à être humain, alors il se crée forcément des affinités, des tensions, des engueulades. Ils ont un énorme pouvoir sur nous. On dépend d'eux pour le moindre geste, c'est pour ça qu'il est important de bien apprendre à connaître chacun pour obtenir à peu près ce dont tu as besoin. Il faut composer avec leur état de fatigue, leur humeur, leur susceptibilité. Et, comme le quota de personnel soignant par rapport aux nombres de patients est loin d'être à l'équilibre, on passe beaucoup de temps à les attendre, c'est inévitable.

Pour avoir nos soins, déjeuner, changer de chaîne, se lever, se laver, s'habiller, se coucher, couper la viande, se servir de l'eau, attraper un truc dans le placard, fumer, on doit attendre notre tour.

Quand tu n'es pas autonome, tu passes plus de temps à attendre qu'à faire les choses.

Un bon patient sait patienter.

Je suis surpris par le nombre de gars qui ont le même âge que moi. Rien qu'à notre étage, on est sept ou huit à avoir une vingtaine d'années. C'est notre génération qui est la plus représentée dans notre service, et de loin.

Je ne sais pas si ça veut dire quelque chose. Est-ce que vingt ans est réellement le temps de l'insouciance, où les garçons n'évaluent pas les risques, où ils se croient invincibles et s'exposent trop facilement à des situations donnant lieu à des accidents dramatiques ?

D'un côté, c'est encore plus triste de voir, dans un centre comme celui-là, tant de gens si jeunes et déjà tellement en galère. À vingt ans, on n'a rien à faire à l'hosto. Vingt ans, c'est l'âge des soirées, des voyages, des nuits blanches et de la séduction permanente. Vingt ans, c'est le règne des envies d'enfants dans un corps d'adulte. Vingt ans, c'est l'âge où tu rêves le plus et où tu te sens le plus apte à atteindre ces rêves. Non, à vingt ans, on n'a rien à faire à l'hosto.

D'un autre côté, vu le contexte du centre, heureusement qu'il y a des jeunes pour mettre un peu de vie et un peu de bordel dans cet univers si dur.

Je remarque aussi que les jeunes qui sont là viennent de milieux très populaires. Je ne sais pas non plus si ça veut dire quelque chose...

Quand tu vis dans un lieu qui regroupe des jeunes de ton âge pendant plusieurs mois, tu es obligé de te faire des potes. Mais, dans un centre de rééducation comme celui-ci, qui rassemble des mecs qui partagent plus ou moins les mêmes problèmes que toi, les liens sont singuliers.

Ils sont à la fois très forts, étant donné la période qu'on traverse tous, et assez superficiels, comme si les difficultés du quotidien anesthésiaient tout autre développement de sentiment. Il doit être rare de devenir meilleurs amis en se rencontrant dans un centre de rééducation. Ici, on est potes parce qu'on n'a pas le choix... On a intérêt à devenir potes. Ça rend le séjour un peu plus agréable, mais, une fois dehors, c'est souvent une autre histoire.

À l'inverse, ce qui est pratique, c'est que tu ne peux pas vraiment te faire des ennemis. Il y a beaucoup trop de choses complexes à gérer chaque jour, trop d'énergie à dépenser pour ta survie, pour te permettre le luxe de détester quelqu'un. Les mecs avec qui tu pourrais t'embrouiller dans la vraie vie, ici, tu les tolères naturellement. Je n'ai jamais vu de grosses histoires entre patients.

Quoi qu'il en soit, ici, je me suis fait deux vrais potes et je suis ravi qu'ils soient là. Le premier s'appelle Toussaint. Il a une histoire de ouf, Toussaint.

C'est un Africain qui ne connaît pas ses parents. Personne ne sait qui ils sont, d'ailleurs. Il a été placé très tôt dans un foyer, et le seul truc que savaient les services sociaux, c'est qu'il était né le jour de la Toussaint.

La première fois que je l'ai vu, il était avec un autre patient de notre âge, Steeve. Ils discutaient dans le couloir, assis dans leur fauteuil à l'entrée de la salle fumeurs. Ils m'ont appelé du regard, je me suis arrêté à leur hauteur, et on a échangé deux ou trois banalités pour se présenter. Ils sont tous les deux tétraplégiques. Steeve a eu un accident de scooter et Toussaint, lui, s'est endormi au volant de sa voiture. Steeve a une vraie tête de casse-cou, voire de casse-couilles. C'est pratiquement écrit sur sa gueule qu'il en a fait voir de toutes les couleurs à ses parents, et à ses profs. Toussaint a un regard beaucoup plus posé, un regard noir sous son crâne rasé qui te perce quand il te fixe. Il a une voix grave mais parle souvent très bas. Quand je l'ai rencontré, à peine deux semaines après mon arrivée au centre, lui était déjà là depuis plus de trois mois et, de par son ancienneté et son charisme, il faisait un peu chef de gang, parrain de la petite bande de jeunes de l'étage.

Il ne parle pas souvent de lui, Toussaint, mais j'ai fini par être assez proche et le connaître un peu.

Si le destin avait pu prendre la parole à la naissance de Toussaint, il lui aurait dit : « Eh ben, toi, mon petit pote, dans la vie, tu vas en chier... »

Orphelin, placé en foyer dans un quartier difficile

de Corbeil, dans la banlieue sud de Paris, il a eu une enfance mouvementée et une adolescence où la petite délinquance grandit et frôle parfois les ennuis sérieux.

Il a du caractère, Toussaint, et d'après ce qu'il m'a raconté, on ne l'a pas souvent aidé. Mais il s'en est bien sorti, tout seul. Il a eu du mal, mais il a monté sa petite société à l'âge de vingt et un ans, il a ouvert sa propre salle de fitness-musculation dans sa ville, tout seul.

Et puis, il y a eu l'accident, il a perdu l'usage de ses jambes, quasiment celui de ses bras, et, aujourd'hui, il repart de zéro, tout seul.

Comme il s'est toujours démerdé sans l'aide de personne, c'est vraiment cette dépendance totale qui lui pèse le plus. Ne pas pouvoir marcher, c'est une chose, mais ne pas pouvoir se laver, s'habiller ni aller aux toilettes sans être assisté, il ne l'accepte pas.

J'ai du mal à l'imaginer avant son accident. Il paraît que c'était une véritable masse, limite body-building. C'est dur à croire quand tu le vois sur son fauteuil, la peau sur les os, sans le moindre muscle, comme nous tous ici.

C'est étonnant d'ailleurs de constater à quel point ce handicap nous rend si ressemblants les uns aux autres. Tous les paras et les tétras ont les mêmes jambes et le même petit bide dû à l'absence d'abdominaux. Tous les tétras ont les mêmes bras, les mêmes mains et les mêmes positions sur leur fauteuil. À partir du moment où un muscle ne fonctionne plus, c'est impressionnant de voir la vitesse à laquelle il fond. On a presque tous le même corps décharné, squelettique.

Je suis souvent assis à côté de Toussaint à la cantine. Il commence à manger seul, avec une adaptation à la main pour lui tenir sa fourchette. On voit bien qu'il galère, mais ça lui fait quand même du bien d'être un peu autonome là-dessus.

Souvent, quand il fait beau, on va prendre l'air, après le repas du midi, devant la cantine. On rejoint les quelques fumeurs qui ont réussi à négocier avec quelqu'un pour leur tenir leur cigarette.

C'est ici qu'un jour, tous les deux, on a eu cette discussion sur le concept de « gâcher » un moment de sa vie.

Je ne sais plus comment c'est venu, mais on a imaginé un mec qui, en allant à une soirée, tombe en panne d'essence et, au lieu de passer le bon moment qu'il a prévu, attend qu'on le dépanne pendant plusieurs heures. Le mec se dit alors : « Putain, j'ai vraiment gâché ma soirée... »

Après, on a parlé du mec qui, la veille de sa semaine au ski, se casse la cheville en jouant au foot avec ses potes. Il peut alors légitimement se dire : « Putain, j'ai vraiment gâché mes vacances... »

Ou encore le sportif qui se déchire les ligaments du genou à l'aube de sa saison et qui se plaint : « Putain, j'ai vraiment gâché mon année... »

Ben nous, avec Toussaint, on a pris un peu de recul sur notre situation, et en se marrant, mais avec un grand silence derrière, on s'est dit : « Putain, on a vraiment gâché notre vie... »

C'est l'histoire d'un mec complètement saoul qui enchaîne son huitième verre dans un petit bar en face de chez lui. Le patron l'engueule : « Allez, Pierrot, finis ton verre et rentre chez toi maintenant, il est deux heures du mat, ta femme va encore t'insulter. »

Pierrot tente de se lever et s'écrase par terre comme un sac. Il rampe jusqu'à la porte du bar, la pousse et dégringole les deux petites marches de l'entrée pour atterrir allongé sur le dos, à même le trottoir. Il se touche l'arcade sourcilière, constate qu'il saigne mais, sans s'émouvoir, il se remet sur le ventre. Après avoir vomi quelques secondes, il traverse la rue en rampant. C'est maintenant ses coudes qui sont en sang mais il s'accroche, parvient du bout du bras à ouvrir la porte de chez lui, rampe dans son couloir puis dans ses escaliers. Après une bonne demi-heure d'efforts, il se hisse sur son lit et, profitant du sommeil très profond de sa femme, il parvient même à se déshabiller et à se glisser sous les draps. Il s'endort dans la seconde...

Au petit matin, il est réveillé par sa femme qui lui hurle dessus : « Pierrot, espèce de gros poivrot ! Tu t'es encore bourré la gueule au café en face hier ! »

Pierrot bredouille « Mais pas du tout, je suis rentré tard mais je n'ai pas bu, pourquoi tu dis ça ? »

« Parce que le patron du bar vient d'appeler. T'as encore oublié ton fauteuil roulant ! »

Blague racontée par Farid, patient paraplégique.

Farid, c'est mon autre grand pote ici. Ah ! Farid, heureusement qu'il est là, celui-là. Il est arrivé au centre quelques semaines avant moi et on a fait connaissance petit à petit, en se croisant dans les couloirs.

Farid est paraplégique mais, contrairement à tous les autres patients, ce n'est pas nouveau pour lui. Il a eu son accident à l'âge de quatre ans. Il a grandi en fauteuil dans une grosse cité d'Aubervilliers, en Seine-Saint-Denis. Il est de retour dans un centre de rééducation à cause d'un problème à la hanche. Il s'est fait opérer pour ça ; il va devoir être suivi par un kiné et rester alité une bonne partie de ses journées pendant plusieurs jours, voire plusieurs semaines.

On voit tout de suite que Farid n'est pas un débutant dans le handicap à la façon dont il conduit son fauteuil. C'est un virtuose, il va beaucoup plus vite que tout le monde, tourne sur lui-même et peut rouler un bon moment uniquement sur les roues arrière... C'est qu'il a plus de seize ans de pratique, Farid.

L'autre différence entre Farid et nous, c'est que lui sait parfaitement ce qu'il fait ici et pourquoi il est là, tandis que nous autres, qui avons eu notre accident il y a moins de trois mois, essayons encore de comprendre ce qui nous arrive et nous demandons encore beaucoup ce qui nous attend.

Farid n'est plus dans ce genre de questionnement, il a accepté depuis longtemps son état (s'il est possible de l'accepter un jour). Et c'est peut-être aussi ça qui fait que Farid rayonne différemment des autres patients. Il dégage une belle énergie, il a une aura super-positive.

Pourtant, comme on peut l'imaginer, il n'a pas franchement eu la vie que l'on peut souhaiter à un gamin. Il a connu les centres pour enfants handicapés, les tentatives difficiles d'intégration dans un système scolaire classique. Si tu ajoutes à ça une famille dans une situation sociale et financière très compliquée, tu obtiens la réalité de mon pote Farid.

Il m'apprend beaucoup de choses sur le handicap : la vie d'un enfant handicapé, les difficultés des personnes handicapées en société, la façon dont elles sont perçues. Il n'y a que lui qui peut me raconter tout ça car, mis à part Nicolas que j'ai très peu vu, Farid est le seul handicapé du centre à avoir vécu son handicap en dehors du milieu hospitalier. C'est le seul qui sait comment se passe la *vraie* vie en fauteuil roulant.

Et ben, ça n'a pas l'air d'être terrible...

Un jour, il m'a dit : « Tu vas voir, le regard des gens sur un mec handicapé se fait en plusieurs temps. Quand les gens te rencontrent la première fois, tu n'es rien d'autre qu'un handicapé. Tu n'as pas d'histoire, pas de particularités, ton handicap est ta seule identité. Ensuite, s'ils prennent un peu le temps, ils vont découvrir une facette de ton caractère. Ils verront alors si tu as de l'humour, si tu es dépressif... Enfin, ils verront presque avec surprise que tu peux avoir une vraie personnalité qui s'ajoute à ton statut d'handicapé : un handicapé caillera, un handicapé beauf, un handicapé bourgeois... »

J'ai trouvé ça intéressant et très utile pour la suite. Pour ceux qui n'ont pas l'habitude de le côtoyer, le statut d'handicapé (surtout en fauteuil roulant) est tellement marquant (effrayant, dérangeant) qu'il masque complètement l'être humain qui existe derrière. On peut pourtant croiser chez les personnes handicapées le même genre de personnalités qu'ailleurs : un timide, une grande gueule, un mec sympa ou un gros con.

J'ai d'ailleurs rencontré dans mon centre de rééducation un bel échantillon représentatif de cette diversité...

Avec Farid, je retrouve une complicité digne de deux vrais potes. On se rejoint tout le temps après nos séances de kiné, ou après les repas. On a nos petits moments pour débriefer et commenter ce qui se passe autour de nous. On chambre pas mal les aides-soignants, on parle des meufs du centre, même s'il n'y en a pas beaucoup. On a le même âge et, sans se connaître, on a grandi dans la même banlieue, à quelques kilomètres l'un de l'autre, alors on a pas mal de points communs. On écoute beaucoup de rap tous les deux, on connaît les mêmes chansons par cœur.

Les nombreux jours où Farid doit rester alité, il demande aux aides-soignants qu'on déplace son lit dans le couloir ou sur la terrasse les jours de soleil pour ne pas péter les plombs en restant tout le temps seul dans sa chambre. Et, comme Farid joue de la guitare, ça met de l'ambiance à l'étage. Il joue et il chante Francis Cabrel, Steevie Wonder, Keziah Jones. Depuis, je n'entends plus jamais « La corrida » de Cabrel sans penser à Farid. Il a du talent, en plus, ce con, lui qui n'a jamais appris la musique et ne connaît rien au solfège mais qui joue à l'oreille, à la débrouille, un peu comme tout le reste de sa vie.

Farid, il s'emmerde tellement quand il doit rester au lit alors que tous les autres patients partent en rééducation, qu'il a inventé le concept de « niquer une heure ». Il est à l'affût de tout ce qui peut contribuer à faire passer le temps. Bien sûr, l'idéal, c'est le sommeil. Si tu fais une bonne sieste, tu « niques » une heure facilement. Un bon film à la télé peut te permettre de « niquer » une bonne heure et demie. Un long coup de téléphone peut être utile pour « niquer » vingt minutes... Il est marrant, ce Farid.

Moi, j'ai la chance d'être très entouré. J'ai des visites presque tous les jours de la semaine, après le repas du soir, et tous les week-ends. Il y a mes parents, ma sœur, ma copine et tous mes potes qui se relaient pour que j'aie toujours du monde qui vienne me voir.

Ce n'est pas le cas de Farid. Il faut dire que, quand tu es en fauteuil roulant depuis plus de quinze ans, ça émeut moins ton entourage de te savoir en centre de rééducation. Le pire pour lui, c'est le week-end. Il n'y a aucune séance de rééducation et certains patients ont le droit de rentrer chez eux. Là, le centre paraît complètement désert. Alors Farid est à la recherche perpétuelle de tout ce qui pourrait niquer la moindre seconde. C'est vrai pour tout le monde dans le centre mais pour Farid, plus que jamais pendant ces jours-là, un moment banal comme manger ou se laver représente une très bonne occupation.

À l'inverse d'à peu près tous les êtres humains dans le monde, il attend le dimanche soir avec impatience.

Quand Farid a eu le droit de s'asseoir à nouveau dans son fauteuil, on s'est beaucoup baladé tous les deux. Quand il fait beau, on va faire le tour du parc qui entoure le centre. Quand il ne fait pas très beau aussi, d'ailleurs. J'ai toujours aimé être dehors. Je dois avoir un côté claustrophobe, dès que je sens un peu d'air et de vent, je me sens bien. Et puis, aller dans le parc, ça nous sort un peu de l'odeur de mort qui empeste notre étage. Même si on y est habitué, c'est toujours agréable de changer d'air, de passer de ce mélange d'odeur de bouffe, de pansement et d'eau de javel à une odeur d'arbres mouillés et de gazon fraîchement tondu. Il est super-grand, ce parc, des chemins bordent de grandes pelouses, d'autres s'enfoncent dans des sous-bois. Pour moi, c'est facile, je n'ai qu'à actionner la manette de mon fauteuil électrique, mais pour Farid, en fauteuil manuel, c'est du sport. Ça tombe bien, il aime ça, le sport, il a des bras impressionnants. Je ne l'ai jamais vu perdre un bras de fer, dans tous les concours qui ont pu être organisés au centre.

Pendant ces virées à l'extérieur, Farid participe à mon perfectionnement de la conduite en fauteuil, il m'explique les trajectoires à prendre, les degrés de pente à éviter, me montre comment négocier un trottoir. Même s'il n'a jamais conduit de fauteuil électrique, il a côtoyé tellement de gens qui en ont eu qu'il est quand même expert.

Souvent, arrêté au milieu du chemin qui mène vers le bois, on croise M. Amlaoui, tout seul, tout maigre sur son fauteuil électrique, les mains sur les genoux. Il regarde dans le vide quand il ouvre les yeux. Souvent, il les garde fermés face au soleil. Quand on le croise, il nous dit un tout petit « bonjour » avec son accent de blédard. M. Amlaoui est toujours tout seul, avec en permanence un petit sourire gêné et un regard plein de tristesse. M. Amlaoui, tu as envie de le prendre dans tes bras et de lui dire que tu es là pour lui, que tout va bien se passer. Il a l'air tellement seul. Je n'ai jamais su ce qui lui était arrivé. Il parle mal le français. Et puis, de toute façon, il ne parle jamais à personne.

Avec Farid, ce qu'on aime bien faire aussi, c'est se promener dans les couloirs, le soir, quand tout le monde est couché et que les lumières des espaces communs sont éteintes. On a l'impression de faire des trucs un tout petit peu interdits, comme en colo, quand tu t'échappais de ta chambre ou de ta tente et que les monos te cherchaient partout. Tu savais que tu n'avais pas le droit de faire ça, mais tu savais aussi que ce n'était pas bien grave et que tu n'allais pas te faire virer pour autant. Farid, lui, il s'en fout, il est capable de se déshabiller et de se coucher tout seul discrètement mais, moi, j'ai besoin de l'aide-soignant de nuit, alors je sais pertinemment qu'en rentrant à mon étage je vais me faire engueuler. Tant pis, la petite cavale vaut bien un petit sermon. Et puis, je n'ai jamais eu très peur des engueulades...

Notre centre est grand comme un paquebot de croisière et ce terrain de jeu de nuit assez flippant. La plupart du temps, nous n'entendons aucun bruit, si ce n'est celui du petit moteur de mon fauteuil et le frottement des pneus sur le sol. Mais, parfois, en passant à proximité de l'aile des TC, il y a aussi des grands cris. Les entendre résonner le long des couloirs obscurs suffit à nous provoquer le petit frisson d'adrénaline recherché. On se sent un peu en expédition. Ce grand paquebot nous est soudainement offert, il ronfle à son rythme de croisière, renfermant en son antre plusieurs centaines de voyageurs endormis.

Personne dans ce bateau ne sait vraiment quand ce voyage s'arrêtera et jusqu'où il va nous mener.

Avec Farid, c'est lors d'une de nos expéditions nocturnes qu'on a fait la connaissance de Fred.

Ce soir-là, on va à l'autre extrémité du centre, après le couloir des amputés, jusqu'à l'aile des grands brûlés. Fred est un patient de cette aile, il est en train de discuter avec un mec en fauteuil dont la jambe est amputée au-dessus du genou. Ils se demandent bien ce qu'on fout chez eux, à cette heure tardive. On discute et sympathise rapidement avec Fred. Je l'ai déjà croisé deux ou trois fois les semaines précédentes. C'est un grand Noir d'à peu près notre âge. Si je l'ai déjà vu, c'est parce qu'il a le droit de sortir de son service et, s'il a ce droit, c'est qu'il compte parmi les moins brûlés des grands brûlés. La plupart des gens hospitalisés dans ce service, on ne les voit jamais, ni à la cantine ni dans les espaces communs.

Les grands brûlés sont presque toujours en soin et, de toute façon, vu leur état esthétique, ils n'ont certainement pas envie de se balader dans les couloirs.

Déjà, Fred est assez impressionnant à regarder. La première fois que je l'ai croisé dans la grande cafétéria commune à tous les services et aux visiteurs, je ne peux pas mentir, j'ai eu froid dans le dos. Je n'avais jamais vu de grands brûlés auparavant. Il avait des bandages aux doigts et, visiblement, il en avait perdu un ou deux. On ne voyait que la peau de son visage, qui était très amochée. Une peau noire brûlée au troisième degré, c'est difficile à décrire. Certaines parcelles sont décolorées, presque blanches, d'autres sont rouge foncé et toutes boursouflées.

Souvent, Fred porte un masque en plastique transparent qu'il doit garder collé à son visage pour maintenir et raffermir la peau.

Il est marrant, Fred, un mec sûr de lui qui n'a en apparence aucun complexe par rapport à son visage, ce qui le rend presque normal à regarder.

Il a une grande gueule, un peu trop même. Une fois, il a sifflé deux de mes copines venues me rendre visite. Quand je l'ai appris, j'ai décidé de lui mettre un petit coup de pression, pour le principe, et sûrement aussi pour me sentir un peu dans la vraie vie. J'ai fait ma caillera à deux balles et lui ai dit que j'avais pas mal de potes et que, s'il voulait que tout se passe bien, il ferait bien de vite arrêter ce genre de familiarité. Je pensais qu'il allait réagir un petit peu, mais il a baissé les yeux et s'est excusé comme un petit garçon.

Du coup, quand j'ai raconté ça à Farid, je lui ai dit que je m'en voulais et que j'avais été trop dur avec lui. Farid s'est foutu de ma gueule en me voyant culpabiliser et m'a dit qu'en fin de compte, Fred et moi, on était deux petits agneaux et que ce n'est pas avec nous qu'il allait y avoir enfin un peu d'animation. Il a même ajouté, sur un ton ironique, qu'il aurait bien aimé voir une bonne bagarre entre un tétraplégique et un grand brûlé, que l'embrouille aurait eu de la gueule, que ça aurait mis un peu de piment dans notre routine… « Mais bon, si vous voulez pas qu'on s'amuse, si vous voulez qu'on se fasse chier comme des rats morts, c'est bien, continuez à être gentils ! »

Avant d'atterrir ici, Fred avait déclenché un incendie dans un petit garage en essayant de réparer une mobylette.

Le feu l'avait encerclé, et il s'était brûlé tout le corps en essayant de se sauver.

Il a subi plusieurs greffes de peau (âmes sensibles, allez au paragraphe suivant). Une greffe de peau consiste à prélever sur son propre corps une couche de peau saine, un peu comme si on épluchait un légume avec un économe. On étend ensuite au maximum la peau prélevée, elle devient comme un grillage micro perforé, puis on la greffe sur la partie brûlée. Normalement, cette peau peut se reconstituer. Le problème, chez les grands brûlés, c'est qu'il n'y a parfois pratiquement aucune zone de peau saine.

En salle de kiné, il y a souvent des stagiaires qui passent de service en service, une semaine chez nous en neurologie, une semaine chez les amputés, une semaine chez les grands brûlés, puis ils reviennent chez nous. Ils nous racontent alors leur passage chez les grands brûlés. Il paraît que c'est extrêmement difficile ; le premier jour, de nombreux stagiaires font des malaises. Les personnes brûlées passent beaucoup de temps dans des bains pour ramollir leur peau. En salle de kiné, ils passent beaucoup de temps les membres attachés dans certaines postures pour étirer les zones de peau les plus touchées et éviter qu'elles ne se recroquevillent.

Les stagiaires nous disent que l'odeur est très particulière dans ces lieux de soins. Au début, c'est très dur. Et puis ils s'habituent.

Tout le monde s'habitue. C'est dans la nature humaine. On s'habitue à voir l'inhabituel, on s'habitue à vivre des choses dérangeantes, on s'habitue à voir des gens souffrir, on s'habitue nous-mêmes à la souffrance. On s'habitue à être prisonniers de notre propre corps. On s'habitue, ça nous sauve.

Cette cafétéria où l'on occupe pas mal de notre temps libre, elle nous paraît presque normale. Pourtant, quand la famille ou les potes viennent nous rendre visite pour la première fois et qu'ensemble on squatte un peu ici, je vois bien dans leurs yeux qu'elle n'est pas du tout normale, cette cafétéria. On y croise des gens en short qui se déplacent sur une seule jambe, on y croise des momies enroulées dans des bandages qui ne laissent apparaître ici et là que quelques zones de peau complètement brûlées, on y croise des visiteurs poussant dans leur fauteuil roulant des zombies à la tête de travers, la bouche ouverte et le regard perdu dans le vague...

Ça doit faire bizarre de découvrir d'un coup d'un seul l'ensemble du tableau. Nous, on s'est habitués. Tout le monde s'habitue.

Dehors, à quelques kilomètres de notre centre, il y a des cafétérias où les gens ont des visages normaux, ils sont debout avec des démarches normales, ils sont bien habillés, bien coiffés.

On oublierait presque qu'elle existe, cette vie-là, ailleurs que dans les clips de M6.

En dehors des heures de rééducation, on ne reste pas uniquement à la cafétéria. On va dehors si le temps le permet, on traîne dans la salle fumeurs ou on squatte tout simplement dans un coin de couloir. L'avantage, c'est qu'on ne recherche pas forcément un lieu avec des bancs ou des chaises. Nous, quel que soit le lieu où l'on va, on est déjà assis.

Il y a une bonne ambiance entre tous les jeunes de l'étage. Ça chambre, ça rigole, on se raconte nos anecdotes du jour ou celles de notre passé. C'est comme une ambiance de colonie de vacances, sauf que les activités proposées dans cette colo sont un peu particulières... C'est comme une bande de mecs qui traînent en bas d'un bâtiment, sauf que tous les voisins portent une blouse blanche. Et puis, comme dans cette bande on a tous à peu près vingt ans, un passé plus ou moins mouvementé et du caractère, forcément, dans les vannes, on ne se fait pas de cadeau. Ça torpille dans tous les sens, avec la petite dose de cynisme supplémentaire liée à notre situation :

Toussaint : « C'est quoi cette pecou, Steeve ? »
Moi : « C'est vrai ça, Steeve, déjà que ton corps est foutu, au moins va chez le coiffeur ! »

Farid : « Moi, si j'étais ton kiné, je refuserais de m'occuper de toi tant que t'as pas fait quelque chose pour tes cheveux. »

Steeve : « Eh ! Mais fermez vos gueules, les handicapés, vous êtes super-agressifs depuis que vous pouvez plus vous branler tout seuls ! »

Finesse et fraîcheur de la gent masculine.

Un autre truc marrant aussi, c'est la tétra-boxe. On organise dans les couloirs des petits combats de boxe entre tétraplégiques, comme si la violence physique nous manquait presque autant que le fait de pouvoir marcher ou courir. Je ne pense pas que la Fédération française de handisport aurait envie d'homologuer notre tétra-boxe mais nous, on s'amuse bien, on s'est trouvé nos règles : une main sur la commande du fauteuil, l'autre prête à mettre des coups, et c'est parti. On se tourne autour et on essaie tant bien que mal de se mettre des coups dans le torse ou dans les bras. Évidemment, ça ressemble à tout sauf à de la boxe. Déjà, un tétra est incapable de serrer le poing. Ensuite, le muscle qui sert à tendre le bras s'appelle le triceps, et la plupart des tétraplégiques en sont complètement dépourvus. Quand je suis dans la partie, le combat est assez déloyal car j'ai retrouvé une force non négligeable dans mon triceps gauche. Je peux donc mettre des vrais « directs » tandis que les autres tentent de jeter leur bras en direction de l'adversaire à la force unique des muscles de l'épaule.

Tétra-boxe : subtilité et tendresse de la gent masculine.

Il est vrai que, contrairement aux autres, je regagne de plus en plus de mobilité (essentiellement du côté gauche). Je le vois lors des séances de rééducation, lors de mes combats avec les autres tétras, mais aussi à chaque moment de la journée. Je change de chaîne très facilement, dès que le générique de « M6 Boutique » commence, je mange plus facilement et je peux même tenir ma fourchette de la main gauche sans avoir recours à une adaptation. M'habiller, pour un aide-soignant, devient une formalité.

Surtout, grande nouveauté, je m'aperçois que, quand je suis allongé sur mon lit, je parviens à basculer et à me mettre tout seul sur mon flanc droit... Un grand kif ! Près de trois mois que je passais l'intégralité de mes nuits sur le dos. La qualité de mon sommeil va faire un bond extraordinaire. Je n'arrive pas encore à me mettre sur mon flanc gauche, mais qu'importe, j'ai désormais deux options quand je me couche.

Un autre lieu sympa pour niquer une heure à plusieurs, c'est la salle fumeurs de notre étage. Ni Toussaint, ni Farid, ni moi ne fumons mais on accompagne Steeve. Et puis, dans la salle fumeurs, il y a un vieux poste où on peut écouter de la musique.

Dans cette salle, il y a toujours le gros Max, un patient tétraplégique un peu plus âgé que nous. On l'appelle « le gardien » parce qu'on n'est jamais entré dans cette salle sans qu'il soit là. Il fume tout le temps, tout ce qu'on veut bien lui donner : des cigarettes, du tabac à rouler, du shit, de l'herbe. Max ne parle pas beaucoup, il n'est pas très expressif, il erre à son rythme, d'une humeur régulière. D'ailleurs, cette humeur est difficile à déterminer. On ne sait pas trop s'il s'agit d'une douce tristesse, d'un sentiment de fatalité ou simplement s'il se fout de tout ce qui se passe autour de lui. Dans le dictionnaire, pour le mot « nonchalance », il y a une photo du gros Max dans un nuage de fumée de shit. Les aides-soignants savent très bien tout ce qu'il fume, mais ils ne disent rien. Simplement, quand il fume autre chose qu'une simple clope, Max ne demande pas à un aide-soignant de lui tenir le joint. Dans ce cas-là, il demande plutôt à Richard, le patient paraplégique qui partage sa chambre.

Richard est un Antillais d'une quarantaine d'années mais il en paraît au moins dix de plus. Ses cheveux sont tout blancs. Il nous a dit que, juste avant son accident, il était brun et que ses cheveux ont blanchi en quelques jours. Je ne sais pas si c'est possible.

Son accident, c'est en fait une balle qu'il s'est prise alors qu'il tentait de s'interposer entre une jeune fille et son agresseur, tard le soir, à la sortie du métro.

Richard est le seul patient réellement dépressif de l'étage. Je ne l'ai pas vu sourire une seule fois. Chaque jour, il a un peu plus de rides et baisse un peu plus la tête quand il traîne son fauteuil dans les couloirs. En plus, il souffre de ce qu'on appelle des « douleurs neurologiques » apparemment insupportables. Je n'ai jamais bien compris d'où viennent ces douleurs et pourquoi lui, en plus d'être paralysé, se tape ces crises terribles, comme des coups d'électricité qui parcourent tout son corps. Comme la plupart des gens ici, il sait qu'il ne remarchera pas et, visiblement, il n'est pas en passe de l'accepter.

Un soir où je n'avais pas de visites, j'ai longuement parlé avec lui à la cafétéria. Lui, des visites, il n'en a jamais. Il n'a pas de femme, pas d'enfant, et le reste de sa famille habite aux Antilles ou en province. J'ai réussi à le faire parler de son passé, lui qui n'est habituellement pas très loquace, et, comme ce soir-là les douleurs ont eu l'air de le laisser tranquille, j'ai l'impression qu'il a passé un bon moment. Je n'irai pas jusqu'à dire qu'il a souri mais il a un peu défroncé les sourcils. Pendant quelques minutes, je crois qu'il a pensé à autre chose qu'à son handicap, et je l'ai senti presque détendu.

Un autre patient qui sait qu'il ne remarchera pas, c'est José. Et pourtant, il a une pêche incroyable. Avec son énorme accent portugais, il passe son temps à raconter des histoires drôles ou ses anciennes histoires de cul. José a environ quarante ans et sa principale préoccupation, c'est son érection. Elle avait disparu après son accident mais, depuis que le médecin lui a prescrit des injections de je ne sais quoi, il bande à nouveau. Et, croyez-moi, à l'étage, tout le monde le sait. Déjà qu'il était plutôt de bonne humeur, là, avec le retour de ce qu'il appelle « sa virilité », il est aux anges. Il fait les cent pas (les cent roues ?) dans le couloir en chantant à tue-tête des chansons portugaises.

Je me rappelle qu'un jour José m'a affirmé sur un ton solennel : « Tou chais, Fabien, moi, mes jambes, je peux m'en pacher... Mais, chi je ne bande plous, je préfère crever ! »

En parlant d'érection, il faut savoir que la plupart des gens qui ont une atteinte neurologique ont un dérèglement total de la fonction érectile. En gros, quand tu devrais être excité, rien ne se passe, mais, en plus, alors que rien n'est là pour te mettre en joie, tu peux te taper une gaule complètement incontrôlée.

J'ai eu la chance de passer très vite cette période qui peut s'avérer très gênante. Mais c'est surtout les gars qui ne récupèrent aucun contrôle de leur corps qui continuent d'encaisser ce sympathique petit désagrément.

En kiné, par exemple, tout le monde est en jogging ; à la fin des séances, on nous attache sur des tables de massage qu'on incline plus ou moins en avant pour réhabituer nos corps à la position verticale.

C'est ainsi que parmi les scènes traditionnelles du centre, pourtant surréalistes sorties de leur contexte, j'ai vu des mecs à la fin des séances de kiné, attachés à leur table, discuter des qualités défensives de Didier Deschamps avec une ferveur sous le jogging tout à fait inappropriée...

La salle de kiné est une grande salle carrée remplie de mobilier et de matériel de rééducation : des tables de massages, des bancs de différentes tailles et hauteurs, des poulies, des haltères, des barres parallèles... Il y règne toujours une activité très intense. Entre les allées et venues des fauteuils roulants, les kinés, les aides-soignants qui épaulent les kinés pour installer les patients sur les tables, cette salle est une vraie ruche.

Au début de mon séjour, je n'avais qu'une séance par jour, mais dès que j'ai été un peu plus résistant, j'ai eu droit à une heure le matin et une heure l'après-midi, en plus de la séance d'ergo et de l'éventuel passage à la piscine ou à la balnéo.

Comme je continue de récupérer un peu de ma mobilité, mes séances de kiné ont pas mal évolué avec le temps. Elles commencent toujours par une longue séance d'étirements et de mobilisation des jambes, des bras et des mains pour éviter que se créent des rétractions musculaires.

Dans la foulée, on enchaîne sur toutes sortes d'exercices : renforcement des muscles (au départ, quand ils sont très faibles, il s'agit juste d'essayer d'accompagner le mouvement que crée le kiné sur un bras ou une jambe), maintien de la position assise sans dossier, maintien de la position à quatre pattes, mouvements au sol (exemple : passer de « sur le dos » à « sur le ventre »)... Puis, la séance s'achève toujours sur cette fameuse demi-heure de « verticalisation », le corps attaché à un plan incliné.

Mon kiné s'appelle François. Il doit avoir à peine trente ans mais il a déjà le crâne bien dégarni. Il a une bonne gueule et, dès le premier jour, j'ai compris que j'avais de la chance d'être tombé sur lui. Il a une énergie débordante et contagieuse. Il a une connaissance de son métier impressionnante et il t'en fait généreusement profiter, car en face de lui il n'a pas seulement un patient mais bien un être humain – ce qui, il faut l'avouer, n'est pas toujours le cas dans le corps médical.

Je garde d'ailleurs un souvenir sympathique de cette absence totale de considération de la part d'un certain médecin. C'était lors de mon transfert d'hôpital (après cinq jours d'hospitalisation en province, j'ai changé de réanimation pour me rapprocher de Paris et de la famille). J'étais allongé sur un brancard, dans un couloir. On m'avait certainement stationné là en attendant de finir de préparer la chambre où j'allais être installé. Un médecin était passé, s'était penché au-dessus de moi et m'avait regardé. Je le regardais dans les yeux, il voyait bien que j'étais tout à fait conscient, mais que je ne pouvais pas lui parler à cause des tuyaux dans la bouche. Il m'avait dévisagé, mais n'avait aucunement éprouvé le besoin de me dire bonjour. Au lieu de ça, il avait ouvert mon dossier médical posé sur le brancard et s'était mis à crier juste au-dessus de moi : « Il est à qui, ce tétra, là ? »

Je me souviens que je ne savais pas encore ce que ça voulait dire « tétra » mais j'avais bien compris que ce cher docteur, au tact inégalable, parlait de moi.

Mon kiné, c'est l'opposé de ça. Il te dit ce qu'il te fait et il explique pourquoi. C'est super-agréable de se sentir autre chose qu'un cas médical face à une blouse blanche. Et puis, c'est très pédagogique. Avec François, j'ai révisé mon anatomie et j'ai beaucoup appris en neurologie.

En plus, il ne parle pas que de rééducation. Tout l'intéresse, il est très bavard. C'est un passionné de musique et de sport, mais aussi de théâtre et d'écriture. Chaque séance de kiné avec lui est un moment agréable, épanouissant même.

Pourtant, il me fait bosser, François, j'en bave avec lui et ce, depuis le début. Tenter de bouger une partie du corps qui vient de retrouver un peu de vie est un effort considérable et surtout très désagréable (ne serait-ce que pour faire bouger un doigt sur un centimètre). Ça n'a rien à voir avec un effort classique de musculation où seuls les muscles travaillent. Là, il faut une extrême application pour un résultat à peine visible. Cet effort est difficile à expliquer, un ensemble de concentration et de frustration.

Je parle de tout ça avec François. C'est une oreille experte et attentive qui peut me répondre, m'expliquer. Il me raconte ses expériences avec des patients qu'il a croisés dans le passé, il me donne des exemples...

Comme il a ce côté très humain que n'ont pas forcément toutes les blouses blanches que j'ai rencontrées, je lui ai demandé un jour où se situe la limite entre l'homme et le patient qu'il a en face de lui et s'il arrive toujours à garder une relation strictement professionnelle, car j'imaginais bien que devenir trop pote est un piège à éviter.

Il m'a confirmé que, dans son métier, et plus particulièrement dans ce centre où il travaille en permanence avec des personnes en grosses souffrances physiques et psychologiques, il faut savoir se protéger. On peut avoir un bon feeling avec un patient mais, quoi qu'il arrive, il faut savoir mesurer son degré d'empathie. Et puis, quand tu travailles dans ce milieu-là, il faut surtout savoir raccrocher la blouse à la fin de la journée. Quand tu rentres chez toi, il faut laisser au centre les problèmes des patients, se débarrasser autant que possible de leurs histoires de leurs douleurs.

C'est aussi avec François que j'ai fait mes premières séances de piscine. Comme dans toutes les piscines du monde, il fait froid dans les vestiaires. On est trois ou quatre patients par séance, Toussaint est avec moi. Toussaint, on se fout de sa gueule parce qu'il a tout le temps froid, alors, pour lui, la piscine est un calvaire.

Un aide-soignant nous déshabille, nous met en maillot de bain et nous transfère sur une chaise en plastique située au bout d'un grand bras électrique articulé qui nous descend jusque dans l'eau.

On nous équipe d'une ceinture bouée et de flotteurs au niveau des chevilles et du cou. La séance consiste à nager sur le dos en nous servant de nos bras. Je trouve ça très chiant.

Les gens comme nous qui ont des atteintes neurologiques ont également des problèmes de thermorégulation. Quand il fait très chaud, le corps ne ventile pas bien et met beaucoup de temps à se refroidir. À l'inverse, quand il fait froid, il met beaucoup de temps à se réchauffer. Dès lors, les séances de piscine ne durent pas plus de vingt minutes, parce que l'eau est assez fraîche.

Une fois rhabillé, Toussaint passe toujours un quart d'heure sous le souffle chaud du sèche-cheveux mural, immobile, les yeux dans le vide, avec un très léger sourire de bien-être. Je l'ai tellement vu dans cette position. À chaque fois, je me demande à quoi il peut bien penser. Je n'oublierai jamais cette image.

Un jour, dans la piscine, à la fin d'une séance, on m'enlève les flotteurs que j'ai aux chevilles. Mes jambes coulent aussitôt et mes pieds touchent le sol. Je réussis à mettre un coup d'abdos pour me redresser et je me retrouve à peu près debout, avec de l'eau jusqu'à la poitrine. Je fais des petits mouvements circulaires avec mes bras pour garder l'équilibre. Grâce à mon pote Archimède et à sa poussée magique, mon corps est tout léger et je parviens à garder la position. Putain... je suis debout, en appui sur mes jambes. C'est une sensation très agréable. Je suis évidemment tout excité.

Les séances de piscine vont devenir d'un seul coup beaucoup moins chiantes.

Il n'y a pas beaucoup de filles de notre âge dans le centre. En tout cas, du côté neurologie, je n'en connais que deux, qui doivent d'ailleurs être un peu plus âgées.

Mais un jour, en entrant dans la salle de kiné, j'en découvre une nouvelle. Elle doit être en fin de séance puisqu'elle est attachée sur un plan incliné presqu'à la verticale. Elle ne fait donc rien, elle regarde autour d'elle, l'air serein. Nos regards se croisent et on s'échange un petit bonjour de la tête.

Elle est magnifique : une Rebeu d'une vingtaine d'années, les yeux intensément noirs, les traits délicats presque fragiles et les cheveux bruns ondulés très épais de chaque côté de ses joues qui rendent son visage encore plus fin. Son silence et son air confiant, sa façon de poser les yeux sur le tumulte environnant lui donnent une belle prestance, un doux charisme.

Jusqu'à ce qu'elle quitte la salle de kiné ce jour-là, j'avoue que je n'arrête pas de la regarder du coin de l'œil, dès que ma séance de kiné me le permet.

Le soir, je demande à Farid et à Toussaint s'ils la connaissent, mais ils ne voient pas de qui je parle.

Les deux semaines suivantes, on se croise tous les jours dans cette même salle mais, à part un salut poli, on ne s'adresse pas la parole.

C'est à la cafétéria que j'ai enfin l'occasion de discuter avec elle. Je ne l'ai jamais vue ici auparavant. Elle est en train de parler avec Steeve (il est fort, ce Steeve...). Comme il n'y a personne d'autre que je connais autour d'eux, je n'ai aucun scrupule à m'incruster dans leur discussion. J'ai d'ailleurs l'impression que ça fait plaisir à notre belle nouvelle, qui m'accueille avec un grand sourire.

Elle s'appelle Samia, elle habite Paris. Elle nous dit avoir eu un accident de voiture qui l'a laissée paraplégique incomplète, c'est-à-dire qu'elle a quelques éléments de récupération mais elle semble loin de remarcher.

Elle est douce mais vive, elle est drôle aussi. On s'est tout de suite bien entendu. L'air de rien, ça fait du bien de parler à une meuf dans cet univers de caserne de pompiers. Et elle aussi paraît contente de se faire des connaissances de son âge.

Depuis, on se retrouve régulièrement en fin d'après-midi à la cafétéria avec Toussaint, Steeve et Farid. On a désormais une fille dans la bande, mais seulement à ce moment de la journée. Elle est notre petit bonus, notre sourire de dix-huit heures. Steeve a un petit faible pour elle, mais Toussaint et Farid me disent qu'elle s'intéresse plutôt à moi. Et, petit à petit, j'ai bien l'impression qu'ils ont raison. Moi, je l'aime bien, peut-être même qu'elle ne me laisse pas complètement indifférent, mais de là à imaginer quoi que ce soit avec elle, il y a un fossé (que je suis d'ailleurs bien incapable d'enjamber). De temps en temps, elle vient me chercher à la fin de ma séance de piscine. On repart dans les couloirs tous les deux, puisque Toussaint préfère rester sous son souffle chaud. Ce sont les seuls moments où je suis seul avec Samia et, même si je devine un peu ses sentiments, je ne me sens pas du tout mal à l'aise. Elle non plus. Finalement, il n'y a pas d'ambiguïté. Elle sait que j'ai une copine qui m'est indispensable. Elle l'a déjà croisée d'ailleurs, car ma copine vient très souvent au centre lors des visites du soir. Samia n'attend rien de moi. Et quand bien même nous en aurions envie, notre situation physique nous interdit d'imaginer quoi que ce soit, sans aucune frustration. C'est juste naturel qu'on en reste là. Et, au fond, quoi qu'en disent mes potes, je ne suis pas si certain de ce qu'elle peut ressentir.

Farid me chambre souvent sur Samia : « Allez, elle te kiffe... Sois sympa, embrasse-la au moins ! » C'est quand il m'a dit ça pour la première fois que je me suis rendu compte que s'embrasser pour deux personnes en fauteuil doit être une sacrée épreuve physique. Et, jusqu'à preuve du contraire, si quelqu'un peut aider une personne handicapée à manger ou à fumer, personne n'a trouvé de solution pour t'aider à échanger un baiser.

Je connais Samia depuis environ un mois quand j'apprends qu'en réalité elle n'a jamais eu d'accident de voiture. Elle s'est en fait jetée par la fenêtre de son appartement. Ce n'est pas elle qui me l'a dit, elle ne m'en a même jamais parlé.

Et, quand on me dit qu'il s'agit a priori d'une tentative de suicide liée à un chagrin d'amour, je suis très content qu'elle n'ait pas abordé le sujet avec moi.

J'ignore si c'est lié à cette nouvelle donnée mais, par la suite, nous sommes devenus moins proches avec Samia. Son possible attachement à moi pourrait être la source d'autres désillusions et renforcer une période d'extrême fragilité. Je n'ai aucunement l'intention d'être au milieu de tout ça. J'ai déjà assez de problèmes pour risquer d'en causer à mon tour.

Ce n'est sûrement pas l'unique raison de notre léger éloignement. Je pense que, de toute façon, elle a moins le moral qu'au début de son séjour, et on la voit moins souvent dans les parties communes du centre.

Samia n'est pas la seule pensionnaire qui a atterri là après une tentative de suicide. À notre étage, il y a aussi Dallou, un mec d'une bonne quarantaine d'années, d'origine indienne. Apparemment, il se serait jeté d'un pont. Il est bizarre, Dallou, insaisissable. Un jour, il s'adresse à toi d'une manière très sympa, presque paternelle et, le lendemain, il te dit bonjour comme s'il ne te connaissait pas. L'autre singularité du gros Dallou, c'est qu'il crie la nuit. Personne ne sait pourquoi. Est-ce qu'il a des douleurs ? Est-ce qu'il a des cauchemars ? Quoi qu'il en soit, les premières fois que j'ai entendu un de ses grands hurlements résonner dans les couloirs en pleine nuit, ça m'a glacé le sang pendant plusieurs minutes. Du coup, il a été mis dans une chambre individuelle. Moi, j'ai toujours pensé qu'il en rajoute, voire même qu'il joue complètement la comédie pour être sûr de garder sa chambre tout seul.

Le suicide est forcément un sujet qu'on aborde dans ce genre d'établissement, et pas seulement parce que des gens sont arrivés là après une tentative. Pour certains, le suicide peut également être un projet, puisque, le moins qu'on puisse dire, c'est que la paralysie subie du jour au lendemain n'est pas une chose facile à accepter. En plus d'être une porte d'entrée dans notre centre, le suicide peut également être une porte de sortie.

Durant ces mois de rééducation, j'ai dû croiser au moins trois personnes qui m'ont dit clairement qu'elles attendaient quelques mois pour voir l'étendue de leur récupération physique et qui, sans perspective d'amélioration, comptaient mettre fin à leurs jours.

À ma connaissance, heureusement, elles n'ont pas

mis leur projet à exécution. Ce qu'il y a de bien dans le fait d'attendre quelques mois avant de prendre une telle décision, c'est que, même s'il n'y a aucun progrès physique, mine de rien, ces quelques mois permettent d'accepter progressivement son nouvel état, de faire le deuil de la vie d'avant. Ces quelques mois d'incertitude sauvent des vies.

Et puis, il y a ceux qui n'en parlent pas...

Un midi, à la cantine, Steeve n'est pas là. Notre aide-soignante Charlotte, qui s'en aperçoit, remonte à notre étage pour le chercher. Elle revient sans lui et personne ne sait où il est.

Je le vois arriver à la fin du repas au moment où je me dirige vers la sortie de la cantine. Je le reconnais à peine. Son visage est tout gris, le blanc des yeux rougi et ces mêmes yeux paraissent être complètement enfoncés dans leur orbite. Il a le torse tout tordu dans son fauteuil et la tête légèrement de travers. Il roule en regardant droit devant lui.

« Ça va pas, Steeve ? » Il ne me répond pas, il passe devant moi sans aucune réaction. Je crois qu'il ne m'a même pas entendu. Je m'arrête un instant pour le suivre des yeux. Il s'arrête à la première table. Alors, Charlotte s'approche de lui l'air inquiet, elle essaye de lui parler mais lui ne répond pas. Elle approche une main vers son visage pour lui mettre quelques petites claques, comme pour le réveiller. Finalement, je la vois qui met son fauteuil électrique en position manuelle pour pouvoir le pousser. Tous deux repassent devant moi. Steeve n'a toujours pas l'air d'être conscient.

J'ai appris qu'il a vraiment perdu connaissance quelques minutes plus tard, alors que Charlotte l'emmène voir une infirmière.

Steeve vient de tomber dans un coma éthylique. Il est transféré immédiatement en réanimation dans un hôpital voisin.

Une demi-heure plus tôt, il s'était caché dans une salle de douche et avait vidé d'une traite un litre de vodka. La bouteille vide est retrouvée sur place. Je n'ai jamais su qui lui a ouvert cette bouteille. Steeve est capable de porter une bouteille à sa bouche, en la tenant des deux mains, mais absolument pas de l'ouvrir.

Beaucoup de gens ont interprété ce geste comme une tentative de suicide. Moi, je ne sais pas. Peut-être a-t-il seulement voulu se déconnecter quelques heures de sa triste réalité.

Tout le monde parle beaucoup de Steeve ce jour-là, le lendemain déjà un peu moins. Et puis, la vie reprend sa marche normale à notre étage. José parade dans le couloir en chantant en portugais, Max fume ses splifs dans la salle fumeurs, Richard grimace en poussant les roues de son fauteuil, M. Amlaoui regarde tristement par la fenêtre, les aides-soignants nous aident à vivre, les « femmes aux mille verges » nous sondent et Pierre et Valérie vendent leurs produits improbables.

Même Toussaint, Farid et moi parlons peu de Steeve, peut-être trop occupés par notre lutte quotidienne. De toute façon, personne n'a de nouvelles.

Il est revenu au centre une bonne dizaine de jours plus tard avec une meilleure gueule que lors de son départ. Quand on évoque l'événement avec lui, il dit qu'il ne se souvient plus très bien de ce qu'il s'est passé. On sent bien qu'il ne veut pas approfondir le sujet. Alors on ne l'a jamais approfondi...

C'est l'histoire d'une sortie de groupe dans un centre de rééducation pour personnes handicapées. Le car est là, son chargement est toute une galère. On monte les patients, on range les fauteuils à l'arrière...

Le car démarre, roule et atteint une petite route de montagne.

Tous les patients dans le car unissent leur voix pour chanter sur l'air de « Allez les Bleus ! » : « Plus vite chauffeur, plus vite chauffeur, plus vite ! »

Dans un premier temps, le chauffeur n'y prête pas attention, mais les patients insistent et chantent leur chanson de plus en plus fort.

Pour les amuser, le chauffeur profite d'une ligne droite et met un petit coup d'accélérateur. Le moteur vrombit pour le plus grand plaisir des passagers qui chantent de plus belle.

Plus la route est étroite et les lacets serrés, plus les chants s'accélèrent. Le chauffeur se prend au jeu et maintenant, dès que la route le permet, il accélère. Les patients chantent alors de toutes leurs forces et le chauffeur accélère même dans les virages.

Les passagers sont surexcités et hurlent tout ce qu'ils peuvent. Les pneus crissent dans les virages, le chauffeur prend tous les risques et ce qui devait arriver arrive : il perd le contrôle de son véhicule.

Le car tombe dans le ravin et fait plusieurs tonneaux avant de s'immobiliser sur le toit.

Tous les patients chantent alors au chauffeur une autre chanson : « Il est des nôôôtres ! »

Blague racontée par José, patient paraplégique.

De temps en temps, le soir, il y a des animations pour les patients : pièces de théâtre (parfois jouées par le personnel soignant), soirées cinéma avec projection d'un film assez récent, soirées musicales, soirées jeux...

Je me souviens d'un petit duo guitare-voix qui était venu animer une soirée dans la cafétéria. J'espérais qu'ils n'étaient pas trop mal payés. Ça doit être très dur pour des musiciens de se produire devant des gens comme nous. Il faut avoir une fibre humaine et sociale beaucoup plus développée que la fibre artistique, dans ce genre de soirées. D'abord, nous étions peu nombreux à faire le déplacement. Sur l'ensemble du centre, nous devions être à peine trente, dont un bon tiers dans l'incapacité physique d'applaudir. On peut décemment rêver d'un meilleur public... Les artistes ne s'étaient pas laissé démonter et avaient fait preuve d'une belle volonté pour instaurer un air de fête... mais, malgré leurs efforts, l'ambiance était assez morose. À notre décharge, il faut bien avouer que le spectacle sur scène n'était pas non plus d'une qualité à couper le souffle et que, en effet, le petit duo était bien plus humaniste que musicien.

Durant mon séjour au centre, il y a eu également deux soirées karaoké. Dans le monde du handicap, comme dans tout autre monde, plus c'est beauf, plus les gens se déplacent et, parmi toutes les animations, c'est sûrement le karaoké qui attire le plus de patients.

Évidemment, Toussaint, Farid et moi sommes là et, en bons banlieusards (surtout en bons ados attardés), nous restons toute la soirée dans un coin de la cafétéria pour commenter le passage au micro des uns et des autres. Une soirée karaoké, ça fout toujours un peu le cafard mais alors, dans ce contexte-là, on bat des records. Les participants chantent tous à peu près aussi faux les uns que les autres. Il y a ceux qui manquent tellement de souffle qu'on les entend à peine malgré le micro, il y a ceux qui ne peuvent même pas tenir le micro… Bref, il vaut mieux en rire et ça, on sait le faire.

Kévin, le traumatisé crânien, n'est pas très loin de nous. J'ai envie de lui demander s'il va chanter une chanson de Bob Marley, mais j'ai trop peur qu'il me réponde : « Oui, j'adore, et toi, tu connais ? T'aimes bien Bob Marley ? »

Fred, notre pote grand brûlé, est passé quelque temps pour écouter nos conneries. Mais ces soirées sont tellement glauques qu'elles ont même raison de notre pouvoir de chambrette. Au bout d'une demi-heure à peine, nous n'avons plus d'inspiration pour vanner les prestations, souvent pitoyables, de nos chanteurs en fauteuil.

On espère au moins croiser Samia pour qu'elle se mêle à nos sarcasmes. Dans notre envie de la faire rire, sa simple présence boosterait notre inspiration. Mais, contrairement à nous, Samia semble aimer se coucher tôt.

On reste quand même jusqu'à la fin de la soirée, comme si on avait peur de louper quelque chose. Au moment où l'animateur range télé et micro et où tout le monde se dirige vers les chambres, on négocie avec un aide-soignant pour prendre l'air cinq minutes devant la cafétéria. « OK, cinq minutes mais pas plus, après c'est au lit ! Je vous fais confiance ! »

Ben, parfois, faut pas faire confiance...

On est dehors, à regarder la nuit depuis une dizaine de minutes, quand Steeve a une de ses bonnes idées :

« Venez, on va se balader dans la forêt là-bas ! »

(Il y a des petits sous-bois à l'extrémité du parc entourant le centre de rééducation.)

Farid : « Il est marrant, lui, il fait noir, c'est tout mou là-bas, on va s'embourber... »

Steeve : « Justement, c'est ça qu'est marrant ! »

Toussaint : « Il a raison, c'est ça qu'est marrant ! »

Et d'un seul coup, Toussaint, à notre grande surprise, démarre son fauteuil pour enclencher notre expédition, ne nous laissant d'autre choix que celui de le suivre.

Il est étonnant, Toussaint... Il a un côté très calme, très posé. Il a dans le regard quelque chose qui vous dit : « Moi, j'ai tout vécu et plus rien ne va m'exciter », et, de temps en temps, au moment où on s'y attend le moins, il se transforme en grand adolescent capable des pires gamineries.

On s'enfonce tant bien que mal dans cette petite forêt. Sous les arbres, on ne voit presque plus rien. On se suit sans parler, attirés par les endroits où il est le plus dur de rouler. En pleine journée, pour des personnes qui marchent, cette aventure pourrait être risible, mais en pleine nuit, dans nos fauteuils absolument pas conçus pour ce type de terrain, une petite adrénaline est bien palpable... mélange d'excitation et d'appréhension.

Tout est possible : un enlisement de fauteuil, une chute, une panne de batterie (car on est en fin de journée) et seul Farid pourrait être d'une petite aide si une de ces mésaventures arrivait.

On s'arrête quand on ne voit plus les lumières du centre. On éteint nos fauteuils et on se met à discuter : d'abord de l'engueulade qu'on va se prendre en rentrant à l'étage, puis de la journée du lendemain... puis de la semaine d'après...

Et, pour la première fois, on parle d'avenir. Mais cette fois, on ne parle pas d'avenir pour se vanner, ou pour se prouver avec cynisme qu'untel est dans la merde, que l'autre est foutu. Non, on parle d'avenir avec sincérité, en se livrant, comme si l'atmosphère de notre sous-bois et le fait de ne pouvoir se regarder dans les yeux permettaient une franchise et une impudeur jamais révélées jusque-là.

Toussaint nous dit qu'il n'espère plus remarcher, que son seul souhait désormais est de retrouver de l'autonomie pour tout ce qui concerne le fait d'aller aux toilettes. Il se demande bien où il va vivre, comment, avec qui... Il n'a pas la moindre idée d'où il sera dans un an. Il nous dit qu'il a déjà abandonné l'idée d'avoir un jour un enfant, qu'il ne supporterait pas de ne pouvoir lui donner son biberon, de ne pouvoir l'habiller et l'accompagner à l'école, de ne pouvoir jouer au foot avec lui. Il ne peut accepter l'idée qu'à l'âge de deux ou trois ans son enfant soit capable de faire beaucoup plus de choses que lui, et que ce ne soit déjà plus à lui de s'occuper de son enfant, mais à son enfant de s'occuper de lui.

Il parle de sa voix grave, mais son ton est presque neutre, sans trace d'émotion, comme si tout ça était accepté, assumé et réfléchi depuis longtemps.

Steeve aussi a compris qu'il ne se remettrait pas debout, en tout cas pas tout seul. Mais il est persuadé que les progrès de la science dans les années à venir permettront aux cas comme le sien de retrouver de la mobilité. Je ne sais pas s'il le pense vraiment ou si c'est une manière de ne pas tirer un trait définitif sur ses espoirs.

En revanche, Steeve veut des enfants, lui. Il répond à Toussaint qu'il est fou de ne pas en vouloir, que c'est la seule belle chose qu'il nous reste. Alors, il ne sait pas avec qui, il ne sait pas comment il y arrivera, avec son système de procréation bien déglingué, mais avec les progrès de la science (heureusement qu'elle est là, celle-là), il y arrivera.

Pour Farid, c'est différent. Sur son fauteuil depuis plus de quinze ans, il sait à peu près ce qui l'attend quand il sortira du centre. Il est sur un plan pour habiter son propre appartement, il a aussi décidé de passer prochainement son permis. Et puis, Farid veut des enfants, et il en aura, c'est certain.

Au cours de cette soirée, je suis sûrement celui qui parle le moins. Bien entendu, mon avenir à moi aussi est un point d'interrogation géant, mais je suis en pleine récupération. Je bouge bien mes bras, ma main et ma jambe gauches et, même si je commence à accepter l'idée de ne plus faire de sport de haut niveau, je compte me remettre debout, marcher, conduire, retrouver une indépendance totale, avoir des enfants... Alors, je suis presque gêné d'avoir le droit d'espérer tout ça. Je ne sais pas si j'ai le droit d'exprimer pleinement ma peine de ne plus pouvoir jouer au basket, je ne sais pas si je peux me permettre d'exprimer mes craintes et mes incertitudes quant aux années à venir.

On commence à avoir froid dans l'humidité de nos sous-bois. On décide de rentrer. Le chemin du retour se déroule sans encombre, sans un mot et sans aucune peur de se faire engueuler.

C'est la panique à l'étage, tout le monde nous

cherche. L'aide-soignant de la nuit nous insulte copieusement en nous voyant arriver sur nos gros fauteuils tout boueux, il nous crie que ça ne va pas en rester là, qu'il va demander des sanctions, mais ses hurlements glissent sur nous sans nous atteindre. On a certainement encore la tête dans notre forêt, l'esprit dans nos confidences et l'humeur dans la gravité du moment qu'on vient de partager.

Depuis quelques semaines, on croise une nouvelle tête à l'étage, un grand métis à peine plus âgé que nous. Jusque-là, il était du côté des chambres individuelles, mais, comme mon coloc Éric quitte le centre (on s'est d'ailleurs dit adieu sans grande émotion), c'est moi qui récupère le nouveau.

Il s'appelle Eddy, il vient de Deuil-la-Barre, dans le 95, à quelques kilomètres de chez moi. À l'occasion de son changement de chambre, je vois arriver sur sa table de nuit une bonne pile de CD de rap français : NTM, IAM, Ärsenic, Ministère A.M.E.R... J'ai moi-même dans mes tiroirs une belle collection du même type, que j'écoute régulièrement sur un lecteur offert par ma sœur, petit appareil portable que je pose sur mes genoux quand je pars en balade à l'extérieur ou à la cafétéria. Étant donné que le seul son qu'aimait Éric, c'était le moteur des motos, je me dis qu'avec Eddy, ça va changer un peu et qu'on a déjà un point commun.

En discutant avec lui, dès le premier jour, je constate vite qu'Eddy est ce qu'on pourrait appeler dans notre joli jargon « une bonne grosse caillera ». La panoplie est complète : embrouilles de cité, trafics en tout genre, potes en prison... D'ailleurs, si Eddy s'est retrouvé tétraplégique incomplet, c'est à la suite d'un règlement de compte. En sortant d'une soirée, un mec l'a menacé avec un gun. Comme la vue d'une arme à feu ne l'a pas ému outre mesure, il a continué à faire le chaud et à monter en pression avec son agresseur. Celui-ci a fini par tirer et Eddy a pris la balle dans le cou. Pendant sa période en réanimation, il a retrouvé rapidement pas mal de force dans sa main droite, mais le reste ne bouge pas d'un centimètre.

Eddy, malgré son jeune âge, a un enfant d'environ quatre ans qui vient régulièrement avec sa mère mettre une pagaille bien sympathique dans notre chambre. Ça fait du bien de voir autant de vie et d'innocence franchir le seuil de notre chambre. Le petit est super-beau gosse, il nous met bien en galère en nous posant des questions très spontanées et bien dérangeantes sur notre handicap :

« Eh mais, papa, c'est quand qu'il va se remettre debout ?

– Euh... Je sais pas trop... Bientôt, j'espère... »

Parfois, pour laisser Eddy un peu seul avec sa meuf, j'emmène leur fils sur mes genoux pour rouler le plus vite possible dans les couloirs et essayer de faire des dérapages. Le petit a un caractère bien affirmé. Quand il s'embrouille avec sa mère, je ne vois pas tout le temps qui est l'adulte et qui est l'enfant. Elle a l'air souvent dépassée et je ne peux pas m'empêcher de penser que, quand il aura quinze ans, ça risque d'être très compliqué pour elle.

On s'entend bien avec mon nouveau coloc, il a un sens de l'humour bien plus affûté que mon ancien voisin mais son moral n'est pas souvent à la fête. Eddy est très lunatique. Il y a des jours où il est bavard, il sort plein de vannes, et des matins où il ne parle presque pas, ne touche pas à son petit déjeuner, ne jette même pas un œil à la télé branchée sur les clips de M6. Apparemment, en kiné, il ne montre pas beaucoup de motivation. Il y a des jours où il n'y va même pas.

Dans ces moments-là, j'essaie de le bousculer un peu. Je lui rappelle que, dans notre cas, c'est surtout au cours de la première année qu'on peut espérer récupérer et que, passé deux ans, on n'a plus aucune chance de retrouver de la mobilité. J'essaie de le convaincre que s'il ne se bat pas maintenant, il est mort, qu'il aura tout le reste de sa vie pour déprimer mais que, la première année, c'est celle du combat. Tous les médecins, tous les kinés nous mettent en garde : c'est une course contre la montre, « les prochains mois décideront du reste de votre vie ».

Il me dit que j'ai raison, mais je vois bien que ça ne va pas changer grand-chose.

Un soir, à l'heure des visites, je vois débarquer dans notre chambre cinq potes d'Eddy, cinq mecs de son quartier au bon look banlieusard. Ils sont venus lui parler du mec qui lui a tiré dessus. Ils ont retrouvé sa trace. Au début, ils me regardent un peu de travers et n'osent pas trop s'étaler devant moi, mais Eddy leur dit qu'il n'y a pas de soucis de ce côté-là et qu'ils peuvent raconter sans crainte.

Le lendemain du coup de feu, le mec qui a shooté Eddy se serait sauvé au bled. Mais, deux mois plus tard, quelqu'un l'aurait aperçu à Paris, dans le dix-neuvième. Et comme Eddy sait où habite le gars, la question du soir, c'est : est-ce qu'on prévient la police ou est-ce qu'on monte une opération « vengeance » (et si oui, de quelle nature) ?

Le truc de fou, c'est que visiblement le mec qui a tiré sur Eddy est de Corbeil, du même quartier que Toussaint, et Toussaint le connaît.

Un des potes d'Eddy dit qu'il faut le shooter tout de suite, d'autres préconisent un bon passage à tabac avant d'appeler la police. Eddy parle peu.

Je sors de la chambre en les laissant à leurs intenses discussions, je vais manger à la cantine.

Plus tard, dans la soirée, alors que nous sommes tous les deux dans notre lit, je demande à Eddy s'il sait ce qu'ils vont faire. Il me dit que rien n'a été décidé, qu'il faut déjà vérifier si le mec est bien là, qu'une vengeance personnelle est très risquée, parce que, si elle dégénère en guerre des gangs, la meuf d'Eddy serait trop exposée, trop facile à trouver.

Je n'ai pas revu les potes d'Eddy et a priori le fugitif n'a jamais réapparu. Le peu de fois où on évoque cette affaire, Eddy estime que c'est peut-être mieux comme ça, car même si c'est la police qui retrouvait le mec, la tentation de se venger serait toujours là, même des années plus tard.

Je n'ai pas l'impression qu'Eddy me mente. Je pense qu'il veut vraiment enterrer cette histoire, comme s'il y avait déjà eu assez de sang et de larmes.

Une fois par mois, chaque patient de notre étage a rendez-vous dans le bureau de la patronne, la grande médecin en chef du service neurologie, Mme Challes. Le but de cette rencontre est de faire le point sur notre état physique et mental, notre rééducation, nos progrès… Tout le monde a peur de Mme Challes, aussi bien les patients que le personnel soignant. Elle est très froide, très stricte. Elle n'a pas besoin d'élever la voix pour mettre des coups de pression quand elle nous rend visite dans les étages. Elle engueule les patients qui se laissent aller, qui vont en kiné sans motivation, elle recadre les infirmières et les aides-soignants quand elle estime que quelque chose bat de l'aile dans le service. Du coup, les trop rares fois où elle dit un mot sympathique et où elle lâche un sourire, ça nous fait un bien fou et on la trouve géniale. Car, malgré cette sévérité affichée, la plupart des patients l'aiment bien, Mme Challes. C'est un excellent médecin, charismatique, et que tout le monde respecte.

Mais, quand même, la visite mensuelle dans son bureau fait peur à tout le monde…

Car, au-delà de cette rigidité, Mme Challes a un franc-parler sur l'état et l'avenir des patients qui peut parfois être dur à digérer.

Moi, alors que mes progrès en rééducation me permettent encore de rêver un peu à un avenir sportif, c'est après une de ces visites que je comprends qu'il est temps de voir la vérité en face. Mme Challes a les mots justes pour te remettre les pieds sur terre.

Non, je ne recourrai pas. Non, je ne remarcherai jamais normalement. Mais oui, si j'aime le sport, il y aura encore des possibilités. Elle a déjà vu des patients comme moi refaire du vélo par exemple...

Voilà à peu près ce qui ressort de ma dernière visite dans son bureau. Autant dire que le reste de la journée est très sombre et qu'à mon tour je ne suis pas très bavard les heures qui suivent. J'en veux à tout le monde et particulièrement à Mme Challes. Je retourne dans ma chambre, je ne veux voir personne. J'ai envie de m'allonger et de mettre la tête sous l'oreiller, seulement voilà, les aides-soignants sont déjà tous partis à la cantine du midi. Alors je reste assis sur mon fauteuil, à côté de mon lit. Je n'ai pas faim, j'ai une boule au ventre comme je n'ai jamais eu auparavant. Je regarde la pluie tomber dehors, je me sens vidé, épuisé. J'observe les arbres sous la flotte, ils ont l'air presque aussi triste que moi. Je pense à tous ces efforts fournis depuis des mois pour, en fin de compte, aboutir à cette conclusion-là. Je ne comprends pas comment Mme Challes a pu m'annoncer cette nouvelle de cette façon. Je n'arrive pas à la croire et, pourtant, je sais que, si elle me l'a dit si clairement, c'est que c'est la vérité et qu'il n'y a plus de doute, plus d'espoir. C'est tout un monde qui bascule... C'est tout mon monde qui s'effondre. Mme Challes vient d'étrangler en moi les dernières traces de l'innocence. J'ai vingt ans et, à partir d'aujourd'hui, la vie ne sera plus jamais la même.

C'est plus tard, avec pas mal de recul, que je comprends que ce médecin est en fait une fine psychologue et qu'elle sait déceler les moments où il faut faire entendre raison aux patients, quitte à ce qu'ils traversent par un moment difficile. Cette visite m'a vraiment fait mal mais au final elle m'a fait avancer. Si, en rééducation, on progresse par étapes, je pense que d'un point de vue psychologique il faut aussi savoir passer des paliers. Mme Challes a décidé qu'il est temps pour moi de passer au palier de la réalité.

En parlant de psychologie, il y a dans notre centre, comme souvent dans ce genre d'établissement, une vraie psychologue. Elle collabore avec les différents médecins et intervient auprès des patients en souffrance psychique ou carrément déprimés. Elle répète à tout le monde que son bureau est toujours ouvert et que, même sans rendez-vous, on est les bienvenus pour discuter tranquillement. Elle se balade régulièrement dans les étages pour aller à la rencontre des gens, notamment des nouveaux arrivants.

La première fois que je l'ai vue, elle a débarqué dans ma chambre une dizaine de jours après mon installation ici. J'étais encore dans une chambre individuelle et, quand elle est entrée, je discutais avec mon pote d'enfance, très proche, venu me rendre visite. Elle s'est présentée, puis m'a dit qu'elle aimerait discuter un moment avec moi mais que, comme j'étais accompagné, elle repasserait plus tard. N'ayant pas un a priori très bienveillant sur les psys et pensant qu'on pouvait peut-être s'amuser un peu, j'ai répondu que mon pote était comme mon frère et qu'on pouvait sans problème discuter devant lui. Je ne la sentais pas très futée, alors avec mon pote, comme on a une certaine aisance à se foutre de la gueule des gens, je sentais qu'on tenait là une bonne cible...

Après deux ou trois banalités sur mon arrivée et le confort de la chambre, la psy a demandé si je me sentais en confiance dans mon nouvel environnement. Je lui ai répondu très sérieusement que j'avais peur des gens que je ne connaissais pas et que, surtout, les blouses blanches me terrorisaient… « Pas à cause du côté médical, mais à cause du côté esthétique. » La psy m'a dévisagé longuement, l'air perplexe. Mon pote a ajouté que, depuis ma plus tendre enfance, j'avais toujours eu la phobie des blouses et que personne ne savait pourquoi. Je fixais la psy et évitais de croiser le regard de mon pote de peur d'exploser de rire.

J'ai pensé un moment qu'elle allait enlever sa blouse pour me rassurer. J'espérais qu'elle ne le ferait pas car, là, on n'aurait pas pu se retenir.

Puis elle m'a demandé si je dormais bien. « Non, je fais beaucoup de cauchemars. » Mon pote, fan du comique de répétition, a précisé que je faisais des cauchemars depuis ma plus tendre enfance et que personne ne savait pourquoi. J'ai ajouté que c'était depuis l'âge de mes sept ans, après avoir vu un film qui m'avait traumatisé. La psy m'a demandé si je me rappelais de quel film il s'agissait. Je lui ai dit : « Oui : *Où est passée la 7e compagnie ?* avec Jean Lefebvre. »

Là, je n'ai pas résisté et j'ai jeté un bref coup d'œil à mon pote. Il se mordait les lèvres en regardant par la fenêtre pour essayer de garder son sérieux, je voyais ses yeux se remplir de larmes.

La psy m'a demandé quelles sortes de cauchemars je faisais en ce moment. J'avais bien deux ou trois conneries à lui dire, mais je n'y arrivais pas. Je sentais que si j'ouvrais la bouche, je risquais d'éclater de rire. J'ai fini par bredouiller en évitant son regard que je préférais ne pas en parler maintenant. La psy a dit qu'elle repasserait un autre jour, qu'elle voulait me laisser tranquille et profiter de mon ami. Quand elle est sortie, on n'a évidemment pas tenu plus de cinq secondes avant de pleurer de rire.

Sur le moment, j'ai bien cru que la psy était assez con pour gober nos histoires mais, quelques mois plus tard, elle et moi, on a discuté un court instant dans le couloir alors que j'étais d'une humeur nettement moins euphorique. Toute en subtilité, un léger sourire sur les lèvres, elle m'a alors fait comprendre qu'elle n'avait pas été dupe de mes « confessions » lors de notre première rencontre et que, visiblement, je n'avais pas eu très envie de lui parler ce jour-là. Puis elle s'est éloignée, en me rappelant gentiment que son bureau était toujours ouvert si j'en avais besoin…

Moi qui la prenais pour une idiote depuis des mois, je l'ai regardée d'un autre œil.

C'est jamais inintéressant de prendre une bonne claque sur ses propres idées reçues.

Ça fait plusieurs mois maintenant que j'habite dans ce centre. Question cas médicaux, ici, je pense avoir tout vu. Mais je n'ai pas encore fait la connaissance de Patrice.

Patrice a vingt-quatre ans et, la première fois que je l'ai vu, il était dans son fauteuil incliné très en arrière. Il a eu un accident vasculaire cérébral. Physiquement, il est incapable du moindre mouvement, des pieds jusqu'à la racine des cheveux. Comme on le dit souvent d'une manière très laide, il a l'aspect d'un légume : bouche de travers, regard fixe. Tu peux lui parler, le toucher, il reste immobile, sans réaction, comme s'il était complètement coupé du monde. On appelle ça le *locked in syndrome*.

Quand tu le vois comme ça, tu ne peux qu'imaginer que l'ensemble de son cerveau est dans le même état. Pourtant il entend, voit et comprend parfaitement tout ce qui se passe autour de lui. On le sait, car il est capable de communiquer à l'aide du seul muscle qui fonctionne encore chez lui : le muscle de la paupière. Il peut cligner de l'œil. Pour l'aider à s'exprimer, son interlocuteur lui propose oralement des lettres de l'alphabet et, quand la bonne lettre est prononcée, Patrice cligne de l'œil.

Lorsque j'étais en réanimation, que j'étais complètement paralysé et que j'avais des tuyaux plein la bouche, je procédais de la même manière avec mes proches pour pouvoir communiquer. Nous n'étions pas très au point et il nous fallait parfois un bon quart d'heure pour dicter trois pauvres mots.

Au fil des mois, Patrice et son entourage ont perfectionné la technique. Une fois, il m'est arrivé d'assister à une discussion entre Patrice et sa mère. C'est très impressionnant.

La mère demande d'abord : « Consonne ? » Patrice acquiesce d'un clignement de paupière. Elle lui propose différentes consonnes, pas forcément dans l'ordre alphabétique, mais dans l'ordre des consonnes les plus utilisées. Dès qu'elle cite la lettre que veut Patrice, il cligne de l'œil. La mère poursuit avec une voyelle et ainsi de suite. Souvent, au bout de deux ou trois lettres trouvées, elle anticipe le mot pour gagner du temps. Elle se trompe rarement. Cinq ou six mots sont ainsi trouvés chaque minute.

C'est avec cette technique que Patrice a écrit un texte, une sorte de longue lettre à tous ceux qui sont amenés à le croiser. J'ai eu la chance de lire ce texte où il raconte ce qui lui est arrivé et comment il se sent. À cette lecture, j'ai pris une énorme gifle. C'est un texte brillant, écrit dans un français subtil, léger malgré la tragédie du sujet, rempli d'humour et d'autodérision par rapport à l'état de son auteur. Il explique qu'il y a de la vie autour de lui, mais qu'il y en a aussi en lui. C'est juste la jonction entre les deux mondes qui est un peu compliquée.

Jamais je n'aurais imaginé que ce texte si puissant ait été écrit par ce garçon immobile, au regard entièrement vide.

Avec l'expérience acquise ces derniers mois, je pensais être capable de diagnostiquer l'état des uns et des autres seulement en les croisant ; j'ai reçu une belle leçon grâce à Patrice.

Une leçon de courage d'abord, étant donné la vitalité des propos que j'ai lus dans sa lettre, et, aussi, une leçon sur mes a priori. Plus jamais dorénavant je ne jugerai une personne handicapée à la vue seule de son physique.

C'est jamais inintéressant de prendre une bonne claque sur ses propres idées reçues.

Il y a au bout d'un couloir un ascenseur que j'utilise rarement et, au premier étage, en face de l'ascenseur, une porte avec écrit dessus « salle de jeux ». Comme la porte reste toujours fermée, j'ai toujours cru que cette salle de jeux n'existait pas et qu'elle correspondait certainement à un projet du passé.

Mais un jour, en sortant de l'ascenseur, je vois cette porte grande ouverte. Découvrir un nouveau lieu après avoir tant et tant arpenté ces couloirs est inespéré. J'entre à l'intérieur et je tombe sur trois patients en fauteuil, attablés avec deux jeunes en blouse blanche, un garçon et une fille que j'ai déjà croisés à quelques reprises dans le centre. Cette vision d'un calme déprimant me fait sourire. J'ai envie d'approcher d'eux en criant : « Wouhou ! Putain, c'est le feu ici ! Quel bordel ! On vous entend de l'autre côté du parc. » Je ne dis rien, j'hésite à faire demi-tour puis j'avance quand même en silence. Les deux jeunes m'accueillent, ils se présentent : ce sont des « animateurs socioculturels » qui travaillent au centre par intermittence. Ils sont notamment à l'origine des soirées musicales ou des magnifiques soirées karaoké.

Il y a sur les tables quelques pauvres jeux de société et des puzzles qui, visiblement, ont été faits et défaits plus d'une fois. Finalement, je ne me suis pas complètement trompé : cette salle de jeux présente bien les réminiscences d'un ancien projet.

La demoiselle en blouse blanche aide deux patients traumatisés crâniens à faire un puzzle (qu'aurait réussi un enfant de cinq ans), tandis que le jeune homme joue aux échecs avec Alain, le tétra de mon étage, celui qui surnomme les infirmières « les femmes aux mille verges ».

Il est très gentil, Alain, je l'aime bien, j'ai discuté plusieurs fois avec lui. Il m'apparaît comme étant le grand sage de l'étage. Il a l'air de garder le moral, répétant qu'il a eu de la chance jusqu'ici d'avoir une belle vie. Il est devenu tétraplégique complet en tombant d'une échelle, alors qu'il tentait de couper des branches d'un arbre dans son jardin. C'est une tête, Alain, très vif, très cultivé, ancien pilote de ligne. Il m'a expliqué que, au-delà de son incapacité à marcher, son drame, c'est de ne plus pouvoir lire tout seul. Il ne parvient ni à tenir son livre ni à en tourner les pages. Il dit qu'il existe un petit appareil sur lequel tu peux fixer un livre et le positionner devant toi. Avec une petite pince articulée, cet appareil est censé pouvoir tourner les pages, mais Alain dit que ça marche très mal et, qu'une fois sur deux l'appareil tourne deux pages en même temps.

De par son état de dépendance totale, et aussi sûrement de par son âge, Alain est resté du côté des chambres individuelles. Sa femme vient le voir absolument tous les jours, de la première à la dernière minute des horaires autorisés pour les visites. Ils ont l'air très amoureux tous les deux, on la voit souvent debout, derrière le fauteuil de son mari, les mains posées sur ses épaules pour le caresser, lui faire des petits massages. Et, même si la situation est triste, ils font plaisir à voir.

Alain : « Alors, Fabien ! Ça fait plaisir de te voir là ! Tu sais jouer aux échecs ? »

Moi : « Ben... bof... Disons que je connais les règles, je sais déplacer les pièces. »

Alain : « Allez, viens, on va faire une partie... »

Et c'est comme ça qu'à trois ou quatre reprises, après la séance de kiné du soir, je me retrouve avec Alain, dans l'ambiance de cimetière de la salle de jeux, à jouer aux échecs (activité somme toute très utile pour « niquer » une heure). Alain ne pouvant pas bouger les pièces lui-même, il me dicte le mouvement qu'il veut faire : « Ma reine en F4... Mon cavalier en B5... »

Malgré ses nombreux conseils pour me faire progresser, il me bat bien entendu à plate couture à chaque partie.

J'avais déjà vu traîner ce jeu d'échecs dans la salle fumeurs. C'est Max (« le gardien ») qui l'avait réclamé pour jouer avec Richard. Ils avaient décidé d'entamer une partie mais la concentration était difficile, car on était nombreux dans la salle ce jour-là. Tout le monde discutait bien fort, le poste hurlait un bon vieux « Bob Morane » d'Indochine. Je me rappelle qu'au milieu de ce bordel Farid vannait Éric (mon ancien coloc) à cause d'une affiche de moto scotchée sur le mur de notre chambre.

« Non mais, Éric... je veux bien que tu aimes la vitesse, les sensations fortes, tout ça... Mais quel plaisir tu éprouves à voir une moto sur un poster au-dessus de ton lit ?! C'est quoi, c'est le pneu qui t'excite ? Je sais pas, moi, mets une photo d'un beau paysage ou d'une meuf à poil, mais Éric, une moto ?! »

Éric, en galère et sans grand argument, a bredouillé une vague riposte : « Mais laisse-moi tranquille, toi ! Va jouer de la guitare ! »

Qu'est-ce qu'il aimait se foutre de sa gueule, Farid ! Éric était son souffre-douleur préféré.

Bref, avec tout ce bazar plus quelques joints bien chargés, Max et Richard n'avaient jamais fini leur partie ; je me souviens que l'échiquier était resté plusieurs jours dans le même état, pièces bloquées sur leur case, coupées dans leur élan en plein milieu de la partie, un peu comme nous finalement.

Au fil des mois, avec mes progrès physiques, la procédure quotidienne des gestes du matin a bien évolué. Le petit déjeuner m'est toujours servi au lit mais, grâce à mon bras et à ma main gauche plus performants, ce moment est devenu presque agréable.

Mais la plus grosse évolution réside dans le fait, non négligeable, que je ne reste plus au lit pour « aller à la selle » ! Je bénéficie maintenant du même traitement de faveur que les patients paraplégiques : on me transfère sur un nouveau type de fauteuil, il s'agit d'un fauteuil manuel, tout en plastique vert avec un trou au milieu de l'assise. On m'emmène aux toilettes « à la turque », un drap sur les genoux au moment de traverser le couloir pour garder une once de décence, on positionne le fauteuil au-dessus du trou et on laisse le lavement agir. Un aide-soignant ou une infirmière, avec ses gants, vient toujours néanmoins finir le travail...

Après ce doux moment presque naturel, on m'emmène à la salle de douche, sur mon nouveau fauteuil en plastique. Fini le grand brancard en plastique imperméable bleu, désormais on me douche assis ! Bon, j'ai toujours autant de mal avec le processus de verticalisation, je prends toujours des gouttes pour la tension un quart d'heure avant de passer au fauteuil, mais cette « nouvelle matinée » me motive. J'ai l'impression d'avancer.

Pour aller sur le fauteuil, je n'ai plus besoin d'être porté par deux aides-soignants. Comme j'ai de meilleurs abdominaux et que, surtout, je peux légèrement prendre appui sur ma jambe gauche, un seul aide-soignant suffit. Il m'aide à m'asseoir au bord du lit, les pieds par terre, positionne le fauteuil juste à côté de moi et me transfère dessus en passant ses bras sous les miens pour me soulever.

Un matin, c'est la charmante Christiane, son teint rougeaud et ses deux mains gauches, qui s'occupent de notre chambre. Malgré son physique de lutteuse gréco-romaine, elle n'est pas très forte et je lui demande si elle est certaine de pouvoir me transférer sur le fauteuil de douche et si elle ne préfère pas appeler un homme. Elle me répond que ça va aller, je fais confiance.

Ben, parfois, faut pas faire confiance...

Elle m'aide à me redresser et à descendre mes jambes du lit, approche le fauteuil, se baisse pour m'enlacer en passant sous mes bras, j'appuie sur ma jambe gauche au moment où elle me soulève, je la sens vaciller, perdre l'équilibre... Et, évidemment, notre petite valse finit par terre. Elle se relève, paniquée, me demande si je vais bien, crie qu'elle est désolée et sort de la chambre en trombe pour aller chercher quelqu'un qui puisse me relever.

Dans sa précipitation, elle n'a pas pensé à me couvrir d'un drap ou d'une couverture ; je me retrouve à poil, à même le sol, incapable de faire quoi que ce soit. J'attends.

« Eh Eddy ! Tu peux pas me jeter ta couverture ? Il caille, par terre... »

Eddy, avec son seul bras valide, tente de me jeter sa couverture, mais elle n'arrive pas jusqu'à moi. Alors je reste nu comme un ver sur le lino glacé de la chambre. En plus d'avoir froid, je me dis que, si ça se trouve, je me suis fait mal.

Il faut savoir qu'au niveau des jambes je n'ai pas une sensibilité parfaite. Je sens « où sont mes jambes », je sens quand on les touche, mais je ne sens ni le chaud, ni le froid, ni la douleur. N'ayant pas assez de force dans les bras pour amortir le choc, la moindre chute peut être assez violente et je peux très bien m'être cassé quelque chose sans m'en apercevoir.

Je me rappelle un patient paraplégique, Thierry, qui était tombé de son fauteuil en voulant monter un petit trottoir, dans le parc. Comme il ne sentait rien, il pensait que tout allait bien, et ce n'est que le soir au moment de se déshabiller qu'il a découvert qu'il s'était cassé le genou. Il n'arrivait même pas à enlever son pantalon car son genou avait doublé de volume.

Après cinq bonnes minutes à grelotter sur le sol, j'aperçois la belle Christiane, de sa démarche délicate de bûcheron suédois, revenir dans la chambre. Elle est avec Fabrice pour me remettre sur le fauteuil. La petite vérification semble positive, je ne me suis fait aucun mal.

Christiane, encore plus rouge que d'habitude, n'arrête pas de s'excuser et n'ose même plus me regarder en face. Moi, je suis soulagé de ne m'être rien cassé et ne lui en veux même pas. C'est le monde à l'envers : c'est moi qui ai presque pitié d'elle tellement elle s'en veut.

« C'est rien, Christiane, allez viens, on va se laver ! Et puis, prends mon rasoir s'te plaît, aujourd'hui, on fait le grand chelem, tu vas me trancher la jugulaire. »

Aujourd'hui, quand Jean-Marie a ouvert les volets après avoir dit « je vais ouvrir les volets », j'ai vu que le parc était tout blanc.

Les saisons, ça aide à prendre conscience du temps qui passe. Quand je suis arrivé au centre, c'était la canicule. Je me souviens de l'infirmier qui dégoulinait dans l'ambulance. Je me rappelle François, mon kiné, qui enlevait sa blouse parce qu'il avait trop chaud lors de ses premières apparitions dans ma chambre. Je revois le soleil qui inondait le parc lors de mes premières sorties en fauteuil et je me souviens de ma famille et de mes potes qui venaient me rendre visite en short et en débardeur...

Comme ça paraît loin, tout ça. Il s'est passé tant de choses depuis.

Aujourd'hui, la neige a tout recouvert, et il n'est pas question pour nous d'aller faire un tour dehors. J'ai des frissons à la seule vue du paysage de l'autre côté de la fenêtre et à l'idée que je dois être à la piscine dans une heure et demie. J'ai une énorme flemme... une flemme d'Antillais, comme dirait Steeve quand il veut chambrer les aides-soignants Charlotte et Fabrice.

Pour la plupart des gens, la journée commence véritablement quand ils ont pris leur petit déjeuner, qu'ils sont lavés et habillés. Pour nous, quand on a fait tout ça, on a déjà fourni tellement d'efforts qu'on a envie d'aller se recoucher.

Pourtant, il faut y aller, je lance le processus. Jean-Marie approche ma table de petit déj, et me demande s'« il a bien dormi ». J'aurais bien envie de lui répondre : « Il a bien dormi, mais il en a marre que tu lui dises "il", ça lui casse vraiment les couilles au bout d'un moment. » Comme j'ai trop peu d'énergie pour commencer la journée par une embrouille et que je n'ai qu'une envie, c'est que Jean-Marie me laisse prendre mon petit déj sans parler, je lui réponds seulement : « Oui, oui, Jean-Marie, il a bien dormi, merci. »

J'entends Eddy qui émerge avec son bâillement caractéristique, celui qui réveille tout l'étage. Je n'en peux plus de ce bâillement...

Après le petit déjeuner, Jean-Marie me transfère sur le fauteuil de douche en me demandant s'« il se sent en forme aujourd'hui » et je quitte la chambre juste à temps, juste avant que Pierre et Valérie tentent de me vendre le produit qui nettoie les traces de cambouis sur la moquette.

Une bonne heure plus tard, quand j'arrive dans le vestiaire de la piscine, Toussaint est déjà sous le souffle chaud du sèche-cheveux mural. Ce jour-là, malgré les efforts de tous pour le convaincre de venir faire sa séance, il ne quittera pas sa position préférée.

En sortant de la piscine, je tombe sur une patiente paraplégique d'une bonne quarantaine d'années, une blonde menue au visage assez doux. J'avais déjà discuté avec elle, un jour, dans la salle de kiné. Elle m'avait dit qu'elle avait eu un accident, que sa voiture avait dérapé sur une plaque de verglas.

Moi : « Bonjour, vous allez bien ? »
Elle : « Bof, on s'accroche. Et vous, ça va ?... De toute façon, vous, ça ne peut qu'aller, j'ai vu en kiné que vous bougiez bien vos jambes. Vous ne pouvez pas vous plaindre ! »
Moi : « Euh... oui, sûrement... »

Je reprends le chemin de ma chambre en pensant à cette phrase : « Vous ne pouvez pas vous plaindre... »

Elle n'a pas voulu être méchante, alors je n'ai rien dit, mais elle m'a un peu saoulé, sa remarque. J'aurais pu lui répondre que, déjà, je n'avais pas l'habitude de me plaindre mais que, si je le souhaitais, je pourrais me sentir très légitime dans mes plaintes. J'ai eu un accident quinze jours avant mes vingt ans, qui va m'empêcher de faire du sport le reste de ma vie, alors que c'est précisément ce que j'avais décidé de faire. Dans le meilleur des cas, je vais passer les soixante prochaines années avec des béquilles.

J'aurais pu aussi lui dire que c'était quand même mieux d'avoir ce genre d'accident à quarante ans plutôt qu'à vingt, mais bon, si on n'a plus le droit de se plaindre...

« Le droit de se plaindre »... Ça me fait penser à un aide-soignant de nuit qui s'occupait de moi pendant mes semaines en réanimation. C'était un petit brun d'une trentaine d'années, plutôt beau gosse... enfin de ce que j'en voyais quand il penchait son visage au-dessus de mon lit pour me parler. Quand l'activité de la réanimation devenait plus calme, que l'ambiance de nuit prenait le dessus sur le bordel du jour, ce mec venait me voir pour me raconter sa vie. Je devais être le seul patient à peu près conscient dans toute la réanimation, alors il m'avait choisi comme oreille attentive. Je ne pouvais évidemment pas lui répondre, mais ça, il s'en foutait, ce qu'il voulait, c'était me raconter ses problèmes. Il me disait qu'il était complètement déprimé, que ça allait très mal avec sa copine, et qu'il pensait que la seule issue possible était la séparation, qu'en plus il avait des problèmes d'argent et qu'il allait devoir faire un prêt... Hallucinant ! Le mec, plusieurs soirs consécutifs, venait se plaindre auprès de moi ! J'avais envie de lui demander s'il était vraiment très con ou s'il ne voyait pas dans quel état j'étais. J'aurais voulu savoir ce qui lui permettait de penser que, moi, paralysé des quatre membres, sous respiration artificielle, j'étais la bonne personne pour encaisser ses jérémiades. Évidemment, je ne pouvais rien exprimer, et je suis resté plusieurs soirées à écouter ce jeune aide-soignant qui, visiblement, avait le droit de se plaindre.

Je crois que je n'ai jamais repensé à lui jusque-là. Ce souvenir est tellement surréaliste qu'il me donne le sourire.

J'ai donc sûrement ce petit sourire aux lèvres en sortant de l'ascenseur quand je tombe sur M. Amlaoui. Alors, évidemment, je garde mon sourire. Face à M. Amlaoui, tu ne peux faire autrement que sourire sincèrement pour montrer que tu as une vraie sympathie pour lui. J'ai envie de discuter un peu, sans trop savoir quoi lui dire, alors je lui demande bêtement s'il a vu la neige dehors. Il me sourit timidement en baissant la tête et me répond, avec un fort accent rebeu, qu'il l'a vue et qu'il ne pourra pas sortir aujourd'hui. En redémarrant son fauteuil comme pour écourter la conversation, il ajoute : « Aujourd'hui, je vais regarder le temps par la fenêtre. »

Je me répète à voix basse plusieurs fois cette phrase : « Je vais regarder le temps par la fenêtre. » Elle est fascinante, cette expression. Je ne sais pas s'il parle du temps lié à la saison, du froid, de la neige, ou s'il parle du temps qui passe. Je ne sais pas si cette phrase est due au fait qu'il ne parle pas très bien le français ou s'il utilise consciemment une belle image pour dire combien il va s'emmerder.

Peut-être qu'il parle bien des deux notions du « temps »... Moi-même, ce matin, c'est en découvrant le temps neigeux que j'ai réalisé que ça faisait longtemps que j'étais arrivé dans ce centre. Ce n'est peut-être pas un hasard si la langue française a choisi le même mot pour évoquer ces deux aspects.

Je regarde M. Amlaoui s'éloigner en me disant qu'il restera toujours une énigme. Je ne réussirai jamais à savoir tout ce qu'il se passe derrière son regard si triste.

Je redémarre à mon tour mon fauteuil, fais un détour par la chambre pour me faire sonder et prendre mes médicaments, avant de descendre à la cantine.

Il y a de la bonne humeur à table aujourd'hui, comme si la neige avait rafraîchi les esprits et égayé un peu le quotidien.

Charlotte, notre corpulente aide-soignante, nous raconte son rendez-vous catastrophique de la veille avec un mec tout chétif. Évidemment, les vannes de toute la table fusent : c'était le rendez-vous entre Laurel et Hardy, entre Tyson et la fée Clochette, entre une sumo et un jockey... Sur notre lancée, on imagine leur premier rapport sexuel... Charlotte rit à gorge déployée. D'ailleurs, je ne sais pas si elle rit de nos conneries ou du souvenir de ce qui s'est réellement passé la veille.

Dans la foulée, Christiane casse un verre dans l'assiette de Steeve en voulant lui servir de l'eau.

Steeve : « Eh mais Christiane, vas-y, tue-nous tout de suite ! De toute façon, ça va finir comme ça, tu vas tous nous massacrer un par un. Gagne du temps ! En plus, ça nous rendra service. »

Steeve est vraiment énervé, ce qui nous fait rire deux fois plus.

À la sortie de la cantine, je retrouve Farid à la cafétéria. Il me dit qu'il sort du bureau de Mme Challes et qu'il a la confirmation qu'il quitte le centre à la fin de la semaine.

Je suis content pour lui, il va enfin pouvoir se pencher sur son histoire d'appartement et sur son permis. Ce sont de bons projets qui le motivent pour sortir.

Mais je suis dégoûté pour moi. Je vais perdre un élément indispensable à la bonne ambiance de l'étage, je vais perdre mon associé des virées du soir, je vais perdre mon pote. Sans Farid, tous ces mois de rééducation n'auraient pas du tout été les mêmes. Il ne peut imaginer combien il est précieux pour moi. Bien sûr, je pourrais sûrement lui dire tout ça, mais, avec la pudeur affective liée à notre mentalité de chambreurs banlieusards de vingt ans, je lui lâche juste un timide « putain, t'es relou, je vais me faire chier »...

Chez nous, il y a des choses qu'on ne dit pas.

Farid sourit et me répond : « Bah, t'inquiète, tu viendras me voir dans mon appart quand tu seras autorisé à sortir de ce trou. »

C'est marrant, je me suis aperçu qu'il parlait du centre comme on parle d'une prison. Par la suite, pour avoir côtoyé des gars qui avaient fait quelques allers-retours en milieu carcéral, je me suis rendu compte qu'il existait un parallèle entre la prison et un milieu hospitalier où tu n'as pas d'autres choix que de rester enfermé pendant plusieurs mois. Même s'il ne s'agit pas tout à fait de la même notion de liberté, il y a bel et bien dans les deux cas cette même sensation de manque de liberté. En prison comme à l'hosto, on attend et on s'emmerde énormément. Et puis, surtout, on parle de l'avenir en utilisant les mots « sortir » et « dehors ». Quand on sera « dehors », la vraie vie pourra reprendre...

Steeve et Toussaint nous rejoignent à la cafétéria. Toussaint, depuis qu'il est sorti du vestiaire et de son souffle chaud, a opté pour un gros bonnet. Il nous annonce que la veille il a lui aussi eu sa visite mensuelle chez Mme Challes et qu'ensemble ils ont décidé de tenter « l'opération du triceps ».

Sans entrer dans les détails (que je ne maîtrise pas), il s'agit d'une intervention chirurgicale qui vise à transférer une partie du deltoïde (le muscle de l'épaule qui est valide chez la plupart des tétraplégiques) à la place du triceps, pour retrouver le mouvement très utile de l'extension du bras.

Sur le même principe, Toussaint a déjà subi une opération qui consiste à transférer un muscle de l'avant-bras vers la main pour retrouver le mouvement de « la pince » entre le pouce et l'index, action indispensable pour prendre et tenir des objets.

Pour Toussaint, cette intervention n'a pas été un

franc succès. Il a bel et bien retrouvé la possibilité de joindre le pouce et l'index, mais cette « pince » est très faible et ne lui permet d'attraper que des choses légères.

Ce genre d'opération est toujours la source d'un grand débat entre un patient et son médecin, ou entre plusieurs patients. C'est une décision difficile à prendre car, si on tente cette opération, ça veut dire qu'on accepte le fait qu'il n'y aura plus jamais de récupération naturelle. Sans compter que ce genre d'intervention ne réussit pas toujours. C'est l'opération de la dernière chance et il n'est jamais très facile de parler de ses dernières chances.

Steeve : « Même si l'opération du triceps marche, ça va te servir à quoi de tendre le bras puisque tu peux rien attraper ? »

Toussaint : « Mais si, je peux attraper des trucs, dis pas n'importe quoi ! Je peux pas prendre des gros livres, mais y a des choses que je peux tenir… Et puis, au pire, quand je pourrai tendre le bras, ça me servira toujours à te mettre des patates dans ta gueule ! »

On sourit de la vanne de Toussaint quand soudain Samia entre dans la cafétéria. On s'arrête d'un seul coup. Samia est debout. Elle avance appuyée contre son fauteuil dont elle se sert comme d'un déambulateur. Elle avance très lentement, sa démarche est saccadée mais elle est debout, elle avance, elle marche.

Je savais que Samia récupérait bien mais, comme nous n'avions plus les mêmes horaires en salle de kiné, et que Samia ne traînait plus trop avec nous lors des moments calmes, j'étais loin de m'imaginer qu'elle avait tant progressé. Elle est accompagnée d'une petite dame en blouse blanche, sûrement une aide-soignante de son service. Elle avance en souriant légèrement. On lit sur son visage un mélange d'effort, d'application mais aussi de satisfaction et de fierté. Nous ne sommes pas très nombreux dans la cafétéria et je pense que tout le monde la regarde. Il y a un grand silence. Elle est entrée dans cette salle comme une apparition.

Je ne sais plus si j'ai jeté un coup d'œil aux trois compères qui m'accompagnent ou si je les ai imaginés, mais il me semble que Farid sourit sincèrement, que Toussaint fixe Samia d'un air impassible, vierge de toute émotion apparente, et que Steeve a un air grave. Je sens chez lui de l'étonnement, mais aussi certainement un brin d'envie, peut-être même un peu de jalousie.

Quant à moi, je n'éprouve que du bonheur pour elle. Je ne peux pas ressentir la même chose que les autres. Je ne peux pas être envieux, à la limite juste impatient. Elle ne peut m'inspirer que de l'espoir car, moi aussi, un jour prochain, je me déplacerai debout comme elle.

Sa démarche n'est pas belle, elle n'est pas fluide, pas régulière... Elle est penchée en avant pour se tenir au fauteuil et, pourtant, Samia semble flotter, quelques centimètres au-dessus du sol.

C'est la première fois que je vois un patient du centre se remettre à marcher.

Comme si Samia avait donné de l'élan à mon destin, c'est cet après-midi-là, pour la première fois, que mon kiné François propose de me mettre entre les barres parallèles pour refaire mes premiers pas. Je suis étonné de cette proposition, je ne sais pas du tout si je suis prêt pour ça.

Pour cet exercice, je suis équipé d'une orthèse à la jambe droite qu'on a moulée sur mesure sur ma jambe. Il s'agit d'un appareillage en plastique qui entoure et maintient toute ma jambe, du dessous du talon jusqu'en haut de la cuisse. L'orthèse est entièrement fixe, il y a juste une articulation au niveau du genou. À l'avenir, plusieurs mois durant, voire plusieurs années, à chaque fois que je serai amené à être debout, il faudra qu'on m'aide à enfiler cette orthèse. François, qui est aussi un bon psychologue, m'a bien « vendu » cette orthèse. Au lieu de la voir comme un truc chiant que je vais devoir me coltiner chaque fois que je veux me lever, il me l'a décrite comme une alliée, la partenaire indispensable de mes premiers pas vers l'autonomie.

Ce jour-là, je ne fais que deux mètres aller, deux mètres retour entre les barres. C'est épuisant physiquement, mentalement et émotionnellement, mais c'est une belle victoire partagée avec François, celui qui me fait transpirer depuis des mois. J'ai l'impression qu'il est aussi content que moi.

Le truc marrant, c'est que, pour la première fois, je suis plus grand que François. Ça fait tellement longtemps que je regarde les gens valides d'en bas. Je ne me rappelais plus être si grand. Une fois debout, le sol me paraît soudainement très loin...

Le lendemain, je ne fais guère mieux mais, au bout de quelques jours, je peux aller au bout des barres et revenir, même plusieurs fois. Ça y est, je suis en train de marcher. J'ai enfin atteint un palier de rééducation gratifiant. Jusque-là, tout ce que j'ai fait était très utile et correspondait sûrement à de vrais progrès, mais c'était un travail fastidieux, laborieux, qui avançait extrêmement lentement.

L'étape d'après, ce sont les béquilles. On m'en donne deux réglées à ma taille. Elles sont gris anthracite, je les trouve très classes.

Ces objets représentent l'ultime symbole de récupération et d'espoir. Dans le centre, il y a ceux qui ont des béquilles et ceux qui n'en ont pas.

Au-delà du symbole, il faut apprendre à s'en servir. On ne peut évidemment pas s'appuyer autant sur des béquilles que sur des barres fixes. Au début, ces béquilles me semblent être en laine, et l'exercice paraît impossible. Mais, quelque temps et quelques progrès plus tard, je commence à les apprivoiser et je passe de quelques mètres à quelques dizaines de mètres.

Un après-midi, le petit parcours de marche concocté par François m'amène dans les couloirs jusqu'à l'entrée de la salle d'ergothérapie, où Chantal m'attend avec un grand sourire... et un grand verre d'eau.

Bien sûr, les béquilles ne constituent qu'un exercice de rééducation. Il est indispensable qu'une personne solide soit là, prête à me rattraper en cas de perte d'équilibre. Et puis, je suis encore loin de pouvoir me lever tout seul à partir d'une position assise. En dehors des séances de kiné, le fauteuil électrique est encore pour de nombreux mois mon unique moyen de locomotion.

Lors de certaines séances qui me conduisent à déambuler dans les couloirs, il m'arrive de croiser des patients qui, à leur tour, n'en reviennent pas de me voir debout, eux qui ne m'ont vu qu'en fauteuil depuis des mois. J'ai, moi aussi, senti les regards silencieux pleins d'espoir ou pleins de frustration.

Je suis dans un très bon cycle, motivant, avec des progrès visibles. Ce qui n'est pas du tout le cas d'Eddy. Ça rend la cohabitation difficile, je me sens presque coupable d'avoir la chance d'être debout. Comme nous n'avons pas les mêmes horaires de rééducation, on ne se croise jamais en salle de kiné et il ne sait pas que je commence à marcher. Je n'ose pas le lui dire et ne remonte jamais les béquilles dans la chambre. Il a fini par l'apprendre un jour en captant une conversation entre Farid et moi. Sa seule question a été : « On t'a donné des béquilles ? »

Je lui ai répondu que oui et plus jamais on n'a abordé le sujet.

Comment partager ça avec lui ? Eddy traverse une période abominable. En plus de ne bénéficier d'aucune amélioration physique, il a chopé une eschare aux fesses. Il est donc alité en permanence sur le ventre ou, au mieux, sur le côté. Mais, à force de ne pas bouger et malgré les piqûres d'anticoagulants, il a en plus hérité d'une phlébite à la jambe, c'est-à-dire d'un caillot de sang qui peut s'avérer très dangereux s'il se déplace et se rapproche des poumons. C'est « la totale », la galerie complète des galères d'une personne paralysée. Moralement, Eddy est au bout du rouleau, il a même demandé à sa copine de ne plus amener leur enfant.

Une fin d'après-midi, je rentre dans notre chambre après une séance de kiné, Eddy est à plat ventre sur un brancard à côté de son lit, il commence à faire sombre dehors, et la chambre n'est éclairée que par la lumière de la télévision. Évidemment, Eddy ne la regarde pas, il a la tête dans les bras et son gros bombers posé sur le dos. Il ne dort pas. Pour la première fois, je l'entends pleurer.

J'essaie une minute de me mettre à sa place : une obligation de rester sur le ventre nuit et jour, une interdiction de s'asseoir, une eschare, une phlébite, une tétraplégie presque totale avec pas la moindre chance à l'horizon de retrouver une once de mobilité, une incapacité à s'occuper de son fils qui, lui, grandit à vue d'œil.

Je pense que jamais je n'ai côtoyé d'aussi près une tristesse si profonde et une situation si désespérée.

Eddy m'a forcément entendu rentrer mais je n'ai pas osé allumer la lumière, je n'ai pas touché à la télé ni tenté la moindre phrase de réconfort. Il n'existe aucune phrase refuge à la hauteur de sa peine.

Il n'y a rien, ce soir, pour le consoler.

Lors de ma nouvelle visite dans son bureau, Mme Challes décide que je dois changer de centre. J'ai vingt ans et il est temps pour moi de reprendre une activité intellectuelle. Elle me propose donc d'intégrer un centre de rééducation qui dispense également des cours. Il ne s'agit pas, bien entendu, de reprendre encore des études, la rééducation pendant encore plusieurs mois restant la priorité absolue, mais de suivre des cours d'anglais, d'informatique, d'histoire ou de sciences. On en discute ensemble, il me semble aussi que c'est une bonne idée de réapprendre à réfléchir et à se concentrer sur autre chose que sur mes problèmes physiques.

Quelques jours plus tard, un matin à l'aube, une espèce de camionnette adaptée pour accueillir de gros fauteuils roulants électriques vient me chercher pour aller visiter mon futur centre. Il fait très froid. Christian, qui au bout de six mois commence tout juste à m'appeler Fabien et non plus Sébastien, m'aide à enfiler un jean, un gros pull, une doudoune et un bonnet. Me voici donc sur mon fauteuil, scellé au sol à l'arrière d'un camion, avec un inconnu au volant pour aller rencontrer des inconnus dans un établissement inconnu. Tout ce mystère est un peu à l'image de mon avenir proche. Je me demande bien ce qui m'attend dans un autre centre que le mien. Mis à part le mois de réanimation où, de toute façon, ton cerveau est très embué par la morphine et l'assistance respiratoire, tout ce que j'ai connu depuis mon accident, c'est mon centre. Je l'ai apprivoisé, je connais chacun de ses couloirs, chacun de ses codes, chacun de ses membres. J'ai du mal à imaginer que je vais devoir partager tous les gestes et les soins intimes du matin avec toute une nouvelle batterie de personnels soignants que je ne connais pas. En pensant à ce déménagement, je me sens comme une personne très âgée complètement déboussolée à l'idée qu'on va bouleverser ses petites habitudes.

Finalement, il avait raison, Nicolas, le premier patient qui est venu me parler dans ma chambre, quand il m'a dit : « Bienvenue chez toi. »

Je suis sur le point de quitter mon « chez-moi » et ça fait un peu flipper.

Le nouveau centre ne m'a pas emballé. Il est beaucoup plus petit, j'ai l'impression que c'est une copie du mien en moins bien. Il y a pourtant les mêmes tables et les mêmes appareils dans la salle de kiné, il y a les mêmes brancards en plastique bleu et les mêmes fauteuils de douche verts à l'entrée des salles de bain, à peu près les mêmes odeurs à l'étage des chambres, mélange de purée de pommes de terre et de compresses stériles... Mais ce n'est pas mon centre.

J'ai quand même accepté ce déménagement. J'ai envie de reprendre des cours, et puis c'est peut-être le bon moment pour tourner une page, j'ai atteint un palier important de ma rééducation, je suis le seul de mon étage à me remettre debout. Et puis, Farid est parti.

Les dernières semaines dans mon centre se déroulent sans émotion particulière, sans anticipation de nostalgie. On continue à s'enfoncer dans l'hiver et je continue à travailler dur en rééducation, à progresser à pas de fourmi dans l'exercice de la marche.

Le dernier jour, je dis au revoir à tous ceux que j'ai l'occasion de croiser : l'équipe des ergothérapeutes, celle des kinés, les aides-soignants et les infirmières de mon étage ; en revenant de la cantine, je croise même la psychologue que je salue d'un petit sourire gêné, comme pour m'excuser de notre première rencontre.

Un peu plus tôt dans la semaine, j'avais discuté avec Fred et Samia et leur avais dit que j'allais partir, mais je ne les ai pas vus ce dernier jour.

Je dis au revoir à tous les mecs de mon étage sans leur mentir sur le fait de prendre de leurs nouvelles plus tard. Le seul que je promets de rappeler, c'est Toussaint. On se croise une dernière fois devant la salle fumeurs. On se souhaite mutuellement bon courage et bonne chance. Il me dit que, depuis la première fois où il m'a vu, il a toujours su que je m'en tirerais bien. Comme je ne sais pas trop quoi lui répondre, je lui dis de bien se couvrir... On sourit puis on s'écarte l'un de l'autre dans le bruit de nos fauteuils roulants, chacun dans une direction, sans accolade ou poignée de main.

Je me surprends à n'avoir aucun pincement au cœur en quittant cet univers dans lequel j'ai vécu tant de choses, dans lequel je me suis reconstruit.

Je crois que j'ai conscience que le combat est loin d'être gagné, que la reconstruction ne fait que commencer. Je n'ai toujours aucune certitude sur mon avenir proche ou lointain. Alors, tous ces sentiments, toutes ces préoccupations, prennent largement le pas sur une quelconque émotion au moment du départ.

Mes parents et ma copine sont là, ils font ma valise. Je salue Eddy en lui souhaitant bon courage, même si je sais qu'il n'en a plus beaucoup. Puis je traverse une dernière fois mon étage en direction de l'ascenseur. Je suis content de partir, d'autant qu'avant de m'installer dans mon nouveau centre je vais passer quelques jours chez moi, mon *vrai* chez-moi, en famille, comme un soldat en permission avant de reprendre la guerre.

Moi qui ai eu la chance, malgré quelques grosses séquelles, de me relever et de retrouver une autonomie totale, je pense souvent à cette incroyable période de ma vie et surtout à tous mes compagnons d'infortune. À part Samia, peut-être, je sais pertinemment que les autres sont toujours dans leur fauteuil, qu'ils sont contraints à une assistance permanente, qu'ils ont toujours droit aux sondages urinaires, aux transferts, aux fauteuils-douches, aux séances de verticalisation… Ils sont pour toujours confrontés à ces mots qui ont été mon quotidien, cette année-là.

J'ai fait trois autres centres de rééducation par la suite, mais jamais je n'ai autant ressenti la violence de cette immersion dans le monde du handicap que lors de ces quelques mois. Jamais je n'ai retrouvé autant de malheur et autant d'envie de vivre réunis en un même lieu, jamais je n'ai croisé autant de souffrance et d'énergie, autant d'horreur et d'humour. Et jamais plus je n'ai ressenti autant d'intensité dans le rapport des êtres humains à l'incertitude de leur avenir.

Je ne connaissais rien de ce monde-là avant mon accident. Je me demande même si j'y avais déjà vraiment pensé. Bien sûr, cette expérience aussi difficile pour moi que pour mon entourage proche m'a beaucoup appris sur moi-même, sur la fragilité de l'existence (et celle des vertèbres cervicales). Personne d'autre ne sait mieux que moi aujourd'hui qu'une catastrophe n'arrive pas qu'aux autres, que la vie distribue ses drames sans regarder qui les mérite le plus.

Mais, au-delà de ces lourds enseignements et de ces grandes considérations, ce qui me reste surtout de cette période, ce sont les visages et les regards que j'ai croisés dans ce centre. Ce sont les souvenirs de ces êtres qui, à l'heure où j'écris ces lignes, continuent chaque jour de mener un combat qu'ils n'ont jamais l'impression de gagner.

Si cette épreuve m'a fait grandir et progresser, c'est surtout grâce aux rencontres qu'elle m'aura offertes.

Un an et demi après avoir quitté le centre, je n'étais plus en fauteuil et m'étais même débarrassé d'une de mes deux béquilles. Je venais de repasser mon permis et on a décidé, avec Farid, d'aller voir Toussaint qui avait été transféré dans un centre dans les Alpes. On a réservé une chambre d'hôte adaptée pour les fauteuils roulants, juste à côté du centre, et on est partis en mission dans ma voiture rendre une visite surprise à Toussaint.

Comme le centre était entouré de neige et que la température était très basse, on s'est dit que soit Toussaint s'était renforcé et était devenu gaillard face au froid, soit il était vraiment dans la merde.

Quand on est entré dans sa chambre, on a eu la réponse tout de suite : il était recroquevillé dans un coin avec un énorme pull col roulé et un bonnet sur son crâne chauve.

Au moment où on a franchi le seuil de la porte, il nous a regardés fixement pendant au moins dix secondes avant de comprendre que c'était bien nous. Il n'en revenait pas de nous voir. Aucune de ses connaissances de la région parisienne n'avait fait le déplacement jusqu'à maintenant. Je voyais qu'il était touché de notre visite. Il nous a répété plusieurs fois qu'on était des oufs d'avoir fait tout ce chemin pour lui.

Ça m'a fait drôle de le retrouver dans ce nouveau décor. Pour moi, l'image de Toussaint était forcément associée à notre centre et non à celui que je découvrais ici. C'était comme si on avait « copié-collé » Toussaint dans un nouvel univers, car lui n'avait pas changé : même regard percutant et même sérénité dans l'attitude. Il avait d'ailleurs visiblement déjà « des fans » à son étage, et j'ai senti pas mal d'admiration pour lui chez plusieurs patients du centre.

Il avait fait faire son opération du triceps, qui avait à peu près bien marché mais, à part ça, il était exactement dans le même état que le jour où on s'était quitté, autant physiquement que mentalement. Je le sentais toujours aussi blasé et fataliste.

Quoi qu'il en soit, on a passé deux bonnes journées à rigoler en se remémorant les mois passés ensemble. On s'est raconté un peu nos vies, on a refait le monde (sans grand succès...), Farid a même gagné le concours de bras de fer organisé par Toussaint avec les gros bras de son étage. L'heure de se séparer est arrivée très vite. Farid et moi avions pas mal de route à faire pour revenir dans notre banlieue nord de Paris. Toussaint a bravé le froid pour nous accompagner sur le parking. On s'est dit au revoir en se promettant de rester régulièrement en contact et j'ai vu sa silhouette en fauteuil rétrécir dans mon rétroviseur, seule au milieu du parking.

C'est la dernière fois que je l'ai vu. Toussaint est mort quelques mois plus tard d'une crise cardiaque.

Le destin a décidé que la vie de Toussaint serait un drame jusqu'au bout. On a eu du mal à y croire, avec Farid. Il y avait chez nous autant de tristesse que d'incompréhension. Je n'ai jamais pu m'empêcher de penser que cette crise cardiaque était étrange et qu'on ne nous avait peut-être pas dit toute la vérité. Je n'ai aucune preuve, aucun indice, je n'ai sûrement aucune raison de penser ça, mais je me dis souvent que Toussaint avait peut-être décidé de s'arrêter là.

À part Toussaint et Farid, j'ai revu peu de gens de cette époque de rééducation, mais, moi qui ne suis pourtant pas physionomiste, j'ai gardé des souvenirs très nets de leurs visages et de leurs voix.

Je suis toujours en contact avec François, le mec qui restera comme celui qui m'a remis debout. J'ai revu Mme Challes, lors de visites de contrôle, qui s'est avérée plus souriante dès lors que je ne faisais plus partie de ses patients.

Je n'ai jamais revu Samia. Je ne sais pas non plus ce qu'est devenu Fred et à quoi ressemble la peau de son visage aujourd'hui.

Je n'ai pas revu non plus Steeve, Eddy, M. Amlaoui, José, Alain, Dallou, Richard, le gros Max, Éric et les autres. Ils restent pourtant tous dans ma mémoire des sujets très précis, les symboles de cette époque que j'ai traversée. Ils sont les parfaits témoins des coups de crasse et des injustices de l'existence. Je les verrai toujours comme des icônes de courage, mais pas un courage de héros, non, un courage subi, forcé, imposé par l'envie de vivre.

... À Noël et Farid.

RÉALISATION : NORD COMPO À VILLENEUVE-D'ASCQ
IMPRESSION : CPI FIRMIN-DIDOT À MESNIL-SUR-L'ESTRÉE (EURE)
DÉPÔT LÉGAL : OCTOBRE 2012. N° 109058 (114040)
Imprimé en France